MON
TESTAMENT
SPIRITUEL

DU MÊME AUTEUR

365 méditations de sœur Emmanuelle, recueillies par Sofia Stril-Rever, photographies d'Opération Orange, Philippe et Françoise Tessieux, et Fabian da Costa, Presses de la Renaissance, 2008.

SŒUR EMMANUELLE

MON TESTAMENT SPIRITUEL

Recueilli par
Sofia STRIL-REVER

PRESSES DE LA RENAISSANCE

Ouvrage réalisé
sous la direction éditoriale d'Alain NOËL

Si vous souhaitez être tenu(e)
au courant de nos publications,
envoyez vos nom et adresse, en citant ce livre,
aux Éditions des Presses de la Renaissance,
11, rue de Grenelle, 75007 Paris.
Et, pour le Canada,
à Interforum Canada inc.,
1055, bd René-Lévesque Est,
11e étage, bureau 1100,
H2L 4S5 Montréal, Québec.

Consultez notre site Internet :
www.presses-renaissance.com

ISBN 978-2-7509-0489-0

Avant-propos

Partage d'éternité

Dans son *Testament spirituel,* sœur Emmanuelle s'adresse à nous pour un ultime partage. Contemplant la rive d'éternité, elle nous livre ses pensées sur le ton de la confidence. Il ne s'agit pas d'un discours construit avec une visée de démonstration ou d'argumentation. Qu'y aurait-il d'ailleurs à démontrer au sujet de l'éternité ?

Le propos n'en est pas moins dense. Il est cueilli dans le vif de l'expérience. Sur un sujet grave *a priori,* sœur Emmanuelle s'exprime sans austérité, avec la grâce de la spontanéité. Dans la surabondance de son cœur, elle nous parle d'une éternité dont elle se sent proche. Et avec ce qu'elle appelle volontiers « les éternités des éternités », elle a une grande familiarité. Car la source de l'éternité naît, selon elle, à la source de l'amour – un amour plus fort que la mort.

Ces textes ont été réunis à partir d'entretiens qui se déroulèrent à l'origine dans des circonstances particulières. Tout commença un matin brumeux de l'automne 1996. Les visiteurs étaient peu nombreux à l'ouverture du musée du Vatican à Rome, de sorte que je me trouvai seule dans la salle des peintres du Quattrocento. Dans la lumière des Vierges à l'Enfant, au chromatisme très doux, je fus surprise de retrouver le rayonnement de sœur Emmanuelle. Les toiles de Fra Angelico me faisaient percevoir une source de tendresse qui contrastait avec l'aspect physique assez rude et la personnalité volontaire de la religieuse. Mais au-delà des apparences, le maître florentin me révélait, comme par un effet de miroir, son être secret. Elle ne m'apparaissait plus comme la « super assistante sociale » des bidonvilles du Caire, la maîtresse femme qui savait si bien rallier à sa cause les politiques et les médias. Ma perception était d'un autre ordre, faisant ressortir une vérité profonde du cœur. Comme si les tableaux, sous leurs cadres dorés, m'avaient révélé une dimension cachée de sœur Emmanuelle. Marquée par cette expérience, je lui en fis part, m'attendant à une remarque ironique.

Mais elle ne se moqua pas, déclarant que Fra Angelico était son peintre préféré et qu'elle aimait contempler ses Annonciations. J'avais retrouvé sur ces toiles l'empreinte des images qu'elle-même avait intériorisées, des années durant, dans la prière.

Je proposai alors que nous passions ensemble les fêtes de Noël 1996 à Florence. Sœur Emmanuelle accepta avec joie, enchantée à l'idée de ce séjour qui nous réserverait de longues heures au musée Saint-Marc où sont réunies les œuvres de Fra Angelico. Peu après notre départ, je commençai à interroger sœur Emmanuelle sur le sens de la maternité spirituelle, le Dieu au féminin révélé dans le mystère de la naissance de Jésus. Ces entretiens se poursuivirent à Florence, puis sur la route du retour.

Nous remontions en voiture l'autoroute des Fleurs qui, découpée entre ciel et mer, longe le golfe de Gênes en direction de Vintimille. Le ciel dégagé se couvrit peu à peu d'épais nuages sombres. La neige se mit à tomber dru. Très vite, des congères se formèrent, rendant la route impraticable. Il devint impossible d'avancer. Nous étions bloquées dans un tunnel percé à travers les massifs escarpés du Piémont. L'attente se prolongea plusieurs heures. Après l'enchantement de la lumière toscane et des pastels de Fra Angelico, l'obscurité inhospitalière d'un tunnel se referma sur nous. Je fus saisie par la profondeur du dialogue qui se noua soudain. Plus tard, alors que nous préparions son *Testament spirituel*, sœur Emmanuelle évoqua ce souvenir : « Dans le tunnel, j'ai senti que tu me comprenais. Tu m'as incitée à parler de Dieu, comme jamais je ne l'avais fait auparavant. »

La symbolique du tunnel représentait à ses yeux la nécessité de creuser, d'approfondir la relation à Dieu, jusqu'au point où l'intelligence s'abîme dans un néant de sens. Lorsque les mots viennent à manquer, on touche l'obscurité de la nuit. Au cœur des ténèbres, l'appel de la lumière se fait pressant. Il donne la force nécessaire pour extraire la quintessence de la vie spirituelle et en faire jaillir la sève lumineuse. Avec des termes authentiques pris à la source de son expérience de foi, sœur Emmanuelle tentait de formuler la profondeur de ce qu'elle portait en son âme.

Parler de Dieu, on mesure la difficulté, l'audace du propos. Mais les jours précédents, passés au couvent Saint-Marc de Florence devant les toiles de Fra Angelico, avaient fait remonter à la surface le poids et la force de presque un siècle de vie consacrée. En évoquant la Vierge Marie représentée par l'artiste divin, sœur Emmanuelle parlait en fait d'elle-même, de sa virginité dans la vie religieuse ou de la tendresse de Dieu. Elle expliquait avec des mots renouvelés comment elle avait vécu dans sa chair une maternité spirituelle, comment elle était devenue la mère de soixante-dix mille enfants de par le monde.

Dans les années qui suivirent, nous avons prolongé les entretiens ainsi engagés. Sœur Sara, la compagne de toujours de sœur Emmanuelle, qui continue dans les bidonvilles du Caire l'œuvre de son aînée, dit que, dans ces propos, elle entend « le vrai cœur de sœur Emmanuelle ». Tel est le don de ce *Testament spirituel* qui nous transmet son sublime souffle d'amour en Dieu. Elle m'a chargée d'en être la légataire et j'ai accepté cette mission, consciente de la responsabilité qui m'incombait.

Exprimer le sens ultime de sa vie spirituelle, c'était entrer de nouveau dans le tunnel avec sœur Emmanuelle. Nous n'étions plus enfermées à l'étroit dans un massif de la péninsule italienne, recouvert d'un épais manteau de neige. Mais sous la surface de la parole partagée, dans le secret du texte qui se construisait, je savais que sœur Emmanuelle avançait vers sa destination de lumière. Devant la douleur de la séparation qui s'annonçait, je formai le souhait que les mots aient la puissance de repousser l'échéance fatale. Je n'avais pas encore compris qu'ils tiraient leur plus grande force de leur capacité d'accueillir la mort. De la réfléchir dans une parole qui, sans endiguer le dénouement inéluctable, avait une autre forme de pouvoir – infiniment supérieur : celui de transformer la mort en renaissance.

Renaître à la vie divine.

Tel est le destin de sœur Emmanuelle – et elle nous invite à considérer que tel est aussi le nôtre, si nous décidons de la suivre. Car elle nous ouvre un chemin sur lequel elle nous précède, vers la source d'éternité.

Sentinelle de l'invisible, elle nous fait signe.

Dans ce partage d'éternité qu'au bord de l'au-delà elle nous adresse, sœur Emmanuelle dit et redit encore, tel qu'elle l'a vécu, l'amour à l'état pur.

Sofia STRIL-REVER,
le 17 juillet 2008

Au lecteur

Je m'approche de la joie du ciel.

Une joie dont je voudrais vous donner de petites lueurs dans les pages de ce *Testament spirituel*.

Je vous demande de continuer à chanter avec moi sur les routes du monde où vous êtes en chemin.

En marchant vers Dieu, vous marchez aussi vers moi.

Préparons-nous à des retrouvailles merveilleuses !

Allez en chantant au Seigneur : « Je vais vers Toi à travers tout. »

Le cœur léger, chantez !

Tout passe, tout lasse, tout disparaît.

Tout, sauf l'amour.

J'ai vécu avec mes frères et sœurs en humanité dans l'amour.

Comme l'amour est plus fort que la mort, ma vie a été un partage d'éternité.

L'éternité est notre but, notre respiration, notre chant.

Je vous invite à partager l'éternité parce que j'y crois de toute mon âme.

L'éternité est la seule source de vie.

L'éternité est la vraie source de l'espérance.

S Emmanuelle
11 octobre 2008

« Ce qui se passera de l'autre côté, quand tout pour moi aura basculé dans l'Éternité... Je ne le sais pas ! Je crois seulement qu'un grand Amour m'attend. C'est vers un Amour que je marche en m'en allant, c'est un Amour qui me prend paisiblement. »

Saint Jean de la Croix

1

Mort, où est ta victoire ?

« Je vous parle d'un mystère.
Tous nous ne dormirons pas
mais tous nous deviendrons autres,
en un instant, en un clin d'œil
ce qui est mortel endossera l'immortel. »

Saint Paul apôtre

La semence d'éternité

LA MORT EST UN MYSTÈRE.

Nous portons la mort en nous comme une énigme qui dépasse notre intelligence.

Seule la parole divine a le pouvoir de soulever le voile nous cachant le sens profond de l'événement qui vient mettre irréversiblement un terme à notre existence terrestre.

Cette révélation de la mort nous est faite par le Dieu qui donne la vie.

La mort entre dans le monde au début de la création.

J'aime revenir au récit des origines.

Dans la Genèse, Dieu dit à la première femme : « Tu mangeras librement de tout arbre du jardin ; mais de l'arbre de la connaissance du bien et du mal, tu n'en mangeras pas ; car, au jour où tu en mangeras, tu mourras certainement. »

Ève ne meurt pas aussitôt après avoir mangé le fruit de l'arbre défendu.

Adam, non plus, ne meurt pas sur-le-champ.

Adam et Ève mettent au monde plusieurs enfants.

Leur fils Abel est le premier à subir la mort annoncée dans le jardin d'Éden. Il est assassiné par son frère Caïn, à qui Dieu avait dit : « Le péché est à ta porte, comme une bête tapie qui te convoite et que tu dois dompter. » Caïn ne domina pas la bête tapie et tua Abel. Dieu lui laissa cependant la vie, avec un terrible remords dans le cœur, et son crime resta apparemment impuni.

L'apôtre Jean explique ce paradoxe.

Il ne suffit pas d'être vivant pour être en vie.

On peut être un mort vivant comme Caïn car, selon Jean, « celui qui hait son frère est dans les ténèbres ».

On passe de la mort à la vie en aimant.

Celui qui n'aime pas demeure dans la mort.

L'apôtre nous met ainsi en garde : « Aucun meurtrier n'a la vie éternelle demeurant en lui. »

La vie est le visage de lumière de l'amour.

La mort est la face ténébreuse de la haine.

Cela veut dire que, si nous aimons, nous pouvons sortir victorieux de la mort !

La porte de l'espérance s'ouvre grand devant nous.

L'amour triomphe de la mort.

Tel est le message du Christ.

N'a-t-il pas déclaré que quiconque croit en Lui peut accéder à la vie éternelle ?

Il nous est donné, avec l'amour et la confiance en Jésus-Christ, d'accéder à une autre vie, surabondante de grâce et de lumière, une vie d'amour infini. Voués à une mort certaine par nos limites, nos imperfections, nos manquements, nous sommes cependant promis à la vie éternelle.

Nous portons une semence d'éternité qui assurera notre victoire sur la mort. L'esprit de Dieu dans la chair mortelle rend possible le passage de la résurrection.

Au sortir d'une vie réduite dans le temps, au moment de la mort, nous entrerons dans une nouvelle vie d'éternité.

Nous serons revêtus d'immortalité.

Il nous sera donné de terrasser la mort par la foi en Jésus-Christ, qui a été victorieux de la mort.

Le mystère de la mort et de la résurrection

LA MORT NOUS est donnée simultanément avec la vie.

Chaque souffle la rapproche de nous.

Il n'est pas possible de dire quand elle surviendra. Mais il y a une certitude. Elle se présentera à nous.

Seul Dieu ne connaît pas la mort.

Il est la vie, la vie vraie, la vie sans limites – dans l'amour sans limites.

Parce qu'Il est amour, Lui seul peut nous offrir la vie qui ne meurt pas.

Le Seigneur nous a promis la vie éternelle.

Chacun de nous aura une place dans la maison de son Père.

Mieux encore : le Seigneur nous prépare cette place.

Pour la plupart d'entre nous, il est difficile d'accepter le mystère de la mort suivie de la résurrection. On n'a jamais vu personne revenir pour raconter comment cela s'est passé. Il est vrai que rien n'est prouvé. Mais faute d'avoir pu prouver la résurrection, on ne peut pas en conclure qu'elle n'existe pas. C'est une question de foi. Ce mystère concerne le « Dieu sensible au cœur », le cœur pascalien.

Le mystère dépasse notre raison raisonnante.

« Tous nous ne dormirons pas mais tous nous deviendrons autres », déclare l'apôtre Paul.

C'est un langage symbolique, prophétique. Comment décrire une réalité qui défie notre intelligence ?

Le sommeil de la mort est une expression ancienne. « Elle s'est endormie dans la mort », avait-on coutume de dire d'une personne tombée dans le sommeil de la mort dont on ne se réveille pas. Mais le jour où la mort sera vaincue, l'apôtre avertit que nous ne dormirons pas. Entendons que nous ne mourrons pas Nous ne serons plus nous-mêmes, tels que nous nous connaissons aujourd'hui, parce que nous deviendrons *autres*.

Saint Paul ne dit pas pour autant que nous abandonnerons notre enveloppe corporelle. Il nous parle de la résurrection qui transfigure le corps mortel.

Je crois en la résurrection de la chair.

Je crois que mon vieux corps fatigué, usé par les années, ressuscitera.

Après la mort, je crois aussi que mon âme restera vivante.

Comment l'âme continue-t-elle à exister sans habiter un corps, alors que la dépouille charnelle est maintenant enfouie en terre ?

Comment l'âme peut-elle réussir à comprendre et à s'exprimer sans le corps ?

Je n'ai pas de réponse à ces questions mais je crois en la promesse de Jésus.

Ce qui me paraît impossible, à moi qui suis limitée, n'est pas impossible à Dieu, Lui qui est l'illimité, l'au-delà de tout.

Un jour nos corps ressusciteront.

Notre corps de chair se sera décomposé en terre.

C'est pourquoi l'apôtre déclare que nos âmes seront revêtues d'un corps qui sera *autre*, qui ne souffrira plus. Ce sera un corps lumineux. Je pense aux apparitions de saintes et de saints. Certaines personnes ont vu des saints. Ils sont toujours dans la lumière et quand la Vierge apparaît, elle aussi est toujours dans la lumière. Elle n'apparaît pas à la façon d'une personne ordinaire. Elle se manifeste différemment à notre regard.

Comme les saints, comme la Vierge, nous serons revêtus d'un corps de lumière et de beauté.

On pourrait dire aussi un corps d'amour.

C'est peut-être l'essentiel, cette dimension de l'amour.

Pourquoi cela nous étonne-t-il autant ?

De mon vivant, avec mes yeux de chair, j'ai vu des femmes et des hommes devenir *autres* sous mes yeux.

Je ne me lasse jamais de regarder la tendresse des parents pour leurs petits. C'est tellement beau, tellement émouvant quand une maman, quand un papa embrassent leur enfant. Je ne me fatigue jamais de voir à quel point, dans ces instants-là, leur visage revêt une expression surnaturelle de bonté et même de lumière.

Ils deviennent *autres*.

Cette métamorphose, je l'ai observée sur tous les continents, en tous pays. Elle dépasse les identités nationales ou religieuses.

Le tout petit enfant a un pouvoir extraordinaire de faire affleurer ce que nous portons en nous de tendresse. Sa présence illumine le visage des adultes penchés sur lui.

Je me rappelle l'histoire étonnante, et pourtant authentique, que m'a racontée, il y a quelques années, une femme originaire de Hongrie. C'était après la Seconde Guerre mondiale. Les armées russes avaient envahi son pays. Quand un soldat russe fut tué dans son village, en représailles, l'ennemi entreprit de brûler toutes les maisons avec leurs habitants. Systématiquement, les troupes se livraient au viol, au pillage et au carnage avant l'incendie final.

Cette femme était alors bébé. Lorsque les soldats russes arrivèrent devant la maison, sa grand-mère, une maîtresse femme, ouvrit la porte et elle eut la présence d'esprit de dire : « Chut ! Attention ! Le bébé dort. » Les soldats avaient l'arme à la main. Ils avaient bu et déjà violé, tué dans les maisons voisines. Mais soudain ces hommes remplis de haine furent médusés. Ils se turent jusqu'à ce que l'un d'eux déclare : « Madame, on a faim. »

C'est sur la pointe des pieds qu'ils s'assirent en silence autour de la table. La grand-mère leur servit une bonne soupe, fraternisant avec eux. Ils lui parlèrent de leurs familles. Ces hommes venaient de commettre des crimes odieux et avaient, sur les mains, le sang de leurs victimes, mais ils devinrent comme les enfants de la vieille femme, en présence du bébé.

Cette histoire m'a beaucoup donné à méditer. C'est du pur Pascal. L'anecdote illustre la « misère et grandeur de l'homme ». La *misère* de ces brutes sauvages cohabite avec le respect de l'enfant. Ils ont commis le pire et sont cependant capables du meilleur. Dans cette maison, auprès d'un nouveau-né, les soldats sont devenus *autres*.

Quelque chose s'est passé, qui reste inexplicable.

La résurrection de la chair est du même ordre, inexplicable.

Le corps mortel, ce que nous avons coutume d'appeler la dépouille, se désagrège. Quand j'étais jeune novice, je me souviens avoir amusé des sœurs plus âgées en déclarant au réfectoire que, dans nos assiettes, nous mangions nos ancêtres par la racine.

La science démontre aujourd'hui qu'en recomposant à l'infini une petite centaine d'éléments, libérés dans le cosmos au moment du big bang, toute la vie s'est construite sur terre. Nous sommes de la poussière d'étoile. Chacun de nous est unique mais, sous cette singularité merveilleuse, nous portons des éléments communs à tous les habitants, humains et non humains, de cette planète qui est un fragment d'univers.

Nous sommes la mémoire du monde.

Après la mort, nos corps se décomposeront.

Mais je crois qu'avec la résurrection de la chair je retrouverai l'identité de mon corps. Je recommencerai à être – d'une manière différente.

Nous ne comprenons pas ce que sera la vie éternelle.

Est-ce étonnant ?

Un bébé dans le ventre de sa mère imagine-t-il à quoi ressemblera sa vie d'adulte ? Notre compréhension est basée sur l'expérience vécue. Or, avec la résurrection, nous entrerons dans une dimension de nouveauté, dans le totalement *autre*.

Méditer l'agonie de Jésus

EN CES JOURS QUI SONT pour moi parmi les derniers, l'agonie du pape Jean-Paul II est une inspiration.

Il a porté dans une prière sublime la maladie et la mort.

En les acceptant, il a ainsi magnifié ces épreuves.

Lorsque l'être humain parvient à plonger son agonie dans l'agonie de Jésus sur la croix, le moment terrible de l'agonie n'est plus maudit.

C'est un mystère que je contemple à ce stade de ma vie tous les jours.

Je médite l'agonie qui passe par la souffrance de Jésus en croix, les douleurs de la Passion et la Résurrection.

La résurrection est un mystère, de l'ordre de ce qui est caché.

Nous sommes appelés à travailler en

profondeur la résurrection, à la méditer. Il nous faut comprendre à quel point, depuis le Golgotha, les souffrances et la douleur humaine, qui creusent un gouffre sans fond, peuvent maintenant monter très haut – beaucoup plus haut que tout ce que l'on peut imaginer.

Le Christ nous ouvre le chemin de l'au-delà.

Par la souffrance et la croix, on arrive à la résurrection.

Le corps transformé du Ressuscité

LORSQUE LE CHRIST REVIENDRA, les Écritures disent que nous serons comme Lui.

L'apôtre Paul nous apprend qu'« en un instant, en un clin d'œil, nos corps seront changés au son de la dernière trompette ».

À quoi nos corps ressembleront-ils alors ?

Puisque nous serons comme le Christ, on peut répondre à cette question d'après ce que les Évangélistes nous ont rapporté du corps de Jésus ressuscité. Après sa résurrection, dans un premier temps, Jésus n'est pas reconnu par les femmes qui trouvent le tombeau vide. Elles le prennent pour le jardinier, avant de l'identifier à sa voix. On peut comprendre cette méprise. Comment imaginer en effet le retour à la vie de celui qui avait été supplicié puis crucifié et mis au tombeau ?

Jésus ressuscité avait un corps de chair et d'os.

Il portait quelques signes physiques de la mise en croix.

Ses disciples, qui le touchèrent, rapportent qu'il se nourrissait comme tout le monde. Mais il faisait aussi des choses surnaturelles. L'apôtre Jean raconte qu'il lui arrivait d'apparaître miraculeusement au milieu d'une pièce fermée ou encore qu'il s'éleva dans le ciel devant la foule incrédule.

Les caractéristiques extraordinaires du corps de Jésus ressuscité indiquent qu'il y a eu transformation.

Après la Pâque, Jésus manifeste en lui la vie divine jusque dans son enveloppe corporelle. Lorsqu'il apparaît, son corps reflète la lumière. Mais une continuité physique se maintient toutefois.

Jésus est le même et il est simultanément un autre.

Comment cela est-il possible ?

Le Christ vit dans l'éternité.

Il n'appartient pas à notre monde fini.

Il transcende, dans sa chair ressuscitée, les limites physiques auxquelles sont soumis nos corps.

Au jour de notre résurrection, si nous en croyons l'apôtre Paul, dans nos anciennes tombes vides, ne contenant plus d'ossements, nous-mêmes aurons été transformés.

Transfiguré par l'amour tout-puissant, notre corps sera impérissable, immortel, glorieux et spirituel. Pourtant, ce corps d'amour aura un lien avec l'ancien corps physique.

L'ancien corps n'est ni complètement abandonné, ni totalement conservé.

Saint Paul compare ce changement à la croissance d'une graine.

Le fruit ne ressemble pas encore à la graine, mais il a un rapport avec sa graine d'origine. La continuité perdure à travers le changement. Notre métamorphose impliquera une transformation encore plus extraordinaire. Nous ne pouvons pas dire comment elle s'effectuera – tout comme nous ne pouvons dire quelle fleur, quel fruit ou quel arbre donnera une graine inconnue.

Pour comprendre la résurrection, il faudrait être capable d'imaginer l'amour à l'état pur.

La rédemption de nos corps

LA RÉSURRECTION DE LA CHAIR nous enseigne que Dieu n'abandonne pas le monde physique. Il le sauve.

Nos corps rachetés, et non abandonnés, ressusciteront. Ils deviendront immortels et impérissables. Le Christ a inscrit dans l'histoire humaine la possibilité de la rédemption en assumant un corps victorieux de la mort, triomphant des limites de l'espace et du temps.

L'apôtre Paul déclare que nos corps actuels sont naturels. À la différence des animaux, le corps humain est en outre qualifié par Paul du terme grec « psychique », dérivé de *psyche,* « âme ». Nos corps à présent sont en effet habités par l'âme.

À propos du corps ressuscité, l'apôtre nous dit qu'il deviendra de plus « pneumatique », selon l'étymologie grecque. Le corps métamorphosé sera en effet habité de *pneuma*, le « souffle de Dieu » ou l'« esprit de Dieu ».

Une fois entrés dans la grande respiration divine, nous aurons accès au monde spirituel.

Avant que ne s'ouvre cet autre monde, nous habitons nos corps avec les joies et les souffrances de la vie terrestre. Le fait de savoir que le monde physique sera racheté et que nos corps seront ressuscités n'est pas une incitation à mépriser ou à délaisser les réalités de l'existence.

Au contraire.

Il nous appartient de préserver le monde dans lequel Dieu nous a placés. Nous avons la responsabilité de notre environnement terrestre et de notre santé. L'intelligence prodigieuse de l'être humain travaille à améliorer sans cesse les conditions matérielles de la vie. Au lieu de fuir nos devoirs humains au nom de la promesse du royaume, sachons nous impliquer afin de promouvoir la justice. Les actes bons et justes que nous posons représentent le Christ vivant en nous. Ils sont annonciateurs de la résurrection avec Lui dans la gloire.

Alors la mort sera vaincue et nous aurons part à la joie éternelle.

L'amour sur terre, qui s'exprime imparfaitement dans les petites et les grandes choses de la vie, n'est pas différent en nature de l'être de Dieu.

Le Dieu-amour demeure inchangé.

C'est la fameuse parole de Dieu au prophète Malachie : « Je suis l'Éternel, je ne change pas. »

La vie divine consiste à être éternellement aimant.

Nous serons pleinement à l'image de Dieu le jour où, à notre tour, il nous sera donné de vivre d'un amour éternel.

La force d'un tel amour plus fort que la mort transcende les limites ordinaires du temps et de l'espace. La révélation de l'amour nous fait entrer dans l'illimité et sert de pont entre le présent et le monde à venir que nous espérons.

Ma foi repose sur une certitude dans laquelle mon cœur chante.

Je sais qu'aimer aujourd'hui mes frères et sœurs en humanité, c'est déjà aimer de l'amour du royaume éternel.

Aimer, c'est donc entrer dès à présent dans les éternités des éternités.

« Les étoiles tomberont du ciel
et les puissances des cieux seront ébranlées »

« LE SOLEIL S'OBSCURCIRA, la lune ne donnera plus sa lumière, les étoiles tomberont du ciel et les puissances des cieux seront ébranlées. Alors le signe du Fils de l'homme paraîtra dans le ciel, toutes les tribus de la terre se lamenteront, et elles verront le Fils de l'homme venant sur les nuées du ciel avec puissance et une grande gloire. »

Tels sont les signes de la fin des temps, décrits par Jésus dans l'Évangile de Matthieu. Il y aura des guerres, des famines, des tremblements de terre et les justes seront persécutés. On trouve en écho, exprimé avec la puissance de la parole prophétique, le verset de l'Apocalypse décrivant l'ouverture du sixième sceau :

« Alors il se fit un violent tremblement de terre, et le soleil devint noir comme une étoffe de crin, et la lune devint tout entière comme du sang, et les astres du ciel s'abattirent sur la terre comme les figues avortées que projette un figuier tordu par la tempête, et le ciel disparut comme un livre qu'on roule, et les monts et les îles s'arrachèrent de leur place ; et les rois de la terre, et les hauts personnages, et les grands capitaines, et les gens enrichis, et les gens influents, et tous enfin, esclaves ou libres, ils allèrent se terrer dans les cavernes et parmi les rochers des montagnes, disant aux montagnes et aux rochers : "Croulez sur nous et cachez-nous loin de Celui qui siège sur le trône et loin de la colère de l'Agneau. Car il est arrivé, le grand Jour de sa colère, et qui donc peut tenir ?" »

Le sixième sceau révèle le jour du Seigneur, qui apporte la colère de l'Agneau sur la terre.

Il annonce la résurrection prochaine des corps, lorsque le Christ apparaîtra.

Je crois à cette parole des Écritures.

Je crois que les astres seront ébranlés.

Cela ne me paraît ni impossible ni inimaginable ni même improbable.

Des catastrophes, des malheurs atroces déchirent notre vie sur terre. Dieu les laisse se produire.

Cela nous révolte.

J'ai été, moi aussi, choquée plus d'une fois.

Je me suis tournée vers le Seigneur, le cœur douloureux.

J'ai demandé : « Mon Dieu, pourquoi as-tu permis cette souffrance ? Pourquoi ce drame de la vie ?

Pourquoi cette maman qui s'en va, alors que ses enfants ont besoin de son amour pour grandir ?

Pourquoi ce bébé qui meurt dans les bras de sa mère éplorée ?

Pourquoi cet enfant innocent violé par un adulte irresponsable et brutal ?

Pourquoi la vague du tsunami qui emporte les villages que tant d'efforts ont permis de construire ? »

L'énumération de ces pourquoi serait sans fin.

Chaque fois, à mes questions, dans le silence de la prière qui apaisait mon cœur tumultueux, la même réponse est venue :

« Parce qu'un jour la souffrance aura une fin. »

Il faut accepter de voir plus loin, au-delà du malheur qui nous frappe. Lever les yeux au ciel, comme la Vierge Marie tenant dans ses bras le cadavre de son fils. La pauvre chair du Crucifié porte les marques de la folie meurtrière des hommes. Mais la *Mater dolorosa* sait dépasser sa douleur de mère éplorée.

La Vierge n'est pas désespérée.

Elle contemple l'au-delà de la souffrance qui est la paix – l'au-delà de la mort qui est la vie éternelle.

« Les étoiles tomberont du ciel et les puissances des cieux seront ébranlées. »

C'est l'homme qui ébranlera le ciel.

J'ai vécu presque cent ans. En un siècle, j'ai vu tous les progrès accomplis par notre civilisation. Avec l'exploration de la Lune, de Mars et des confins de l'univers, les limites sont repoussées toujours plus loin.

Est-ce qu'un jour on ne fera pas exploser quelque chose ?

Nous sommes des apprentis sorciers et, de déflagration en déflagration, la terre et les astres peuvent bien éclater. Le Christ le dit, et c'est un même message qui se répète dans l'Évangile et dans l'Apocalypse.

Je ne sais pas exactement comment ces événements se produiront. Cela me dépasse, mais je crois que l'idée est juste. Il y aura un moment où le monde s'arrêtera.

Le Christ apparaîtra alors dans sa gloire.

Cela arrivera, comme le dit l'apôtre Paul, « en un instant, en un clin d'œil ». Car Dieu n'a pas besoin de temps. Il crée la vie, la détruit et la recrée comme il veut :

> « En un instant, en un clin d'œil, à la dernière trompette, oui, la trompette sonnera, les morts s'éveilleront, imputrescibles. Nous deviendrons autres, oui, la pourriture doit endosser l'imputrescible. Ce qui est mortel endossera l'immortel quand la pourriture endossera l'imputrescible.
>
> Il se réalisera enfin la parole écrite : "La mort fut engloutie pour la victoire."
>
> Remerciez Dieu, Celui qui nous donne la victoire par notre Seigneur Jésus-Christ. »

Le Christ est appelé le « prince de la mort ».

Lui seul est victorieux de la mort.

Par amour de l'humanité, il a voulu subir la mort pour nous entraîner hors de la mort.

Prince de la mort, il donne la mort à la mort.

Se purifier pour entrer dans le royaume de l'amour

AU MOMENT DE LA MORT, il est rare d'être, comme Thérèse de l'Enfant-Jésus, d'une pureté et d'une transparence totales. Avec un amour infini, la petite Thérèse s'est fondue immédiatement dans le royaume de l'amour.

Pour nous, pauvres humains, c'est très mitigé. En effet, à certains moments nous avons aimé les autres. Nous avons compati et pleuré avec eux, leur donnant notre cœur et un peu de réconfort. Mais d'autres fois, nous avons été égoïstes. Moi la première.

Je ne me sens pas apte à entrer directement dans le royaume de l'amour. J'ai en moi des éléments à purifier.

Est-ce qu'au moment de la mort Dieu purifie ? Je ne sais pas.

Si l'on n'est pas parfaitement purifié, on a besoin d'une période de purification. C'est le purgatoire.

Nous, les vivants, devons prier pour les âmes du purgatoire. Notre prière les aide à purifier les actes négatifs commis pendant leur existence terrestre. Cela me paraît très logique. Dans notre communauté, nous rappelons le nom des sœurs qui sont parties vers le Seigneur. Nous disons régulièrement des messes pour les âmes du purgatoire.

L'accompagnement spirituel des défunts est essentiel.

Quand on a aimé une personne, on l'a aimée de son vivant et on continue de l'aimer au-delà de sa mort. L'amour ne s'arrête pas avec la mort de l'être aimé. Après la mort, on reste en communication avec la personne décédée.

J'envoie souvent ce texte d'un homme d'Église aux personnes en deuil. Ces mots sont vrais. Ils ont la force de l'authenticité et de la simplicité. Ce n'est pas de la grande littérature. Mais ces paroles sont en mesure d'aider réellement ceux qui souffrent de la perte d'un être cher :

« Je suis moi, vous êtes vous. Ce que nous étions les uns pour les autres, nous le sommes toujours.

Donnez-moi le nom que vous m'avez toujours donné. Parlez de moi comme vous l'avez toujours fait.

N'employez pas un ton différent, ne prenez pas un air solennel et triste.

Continuez à rire de ce qui nous faisait rire ensemble.

Priez, souriez, pensez à moi, priez pour moi.

Que mon nom soit prononcé comme il l'a toujours été, sans emphase d'aucune sorte, sans une trace d'ombre.

La vie signifie tout ce qu'elle a toujours signifié.

Elle est ce qu'elle a toujours été. Le fil n'est pas coupé. Pourquoi serais-je hors de votre pensée simplement parce que je suis hors de votre vue ?

Je vous attends. Je ne suis pas loin, juste de l'autre côté du chemin.

Vous voyez, tout est bien. »

La prière est la forme de communication sans doute la plus intense avec les êtres chers disparus.

La prière nous révèle que nous ne sommes pas séparés.

Dans le deuil, il y a tout d'abord le choc insupportable de l'absence de l'être aimé. Ce choc, nous le vivons dans un premier temps comme la douleur d'une séparation irréversible. Puis, peu à peu, la force de l'amour se révèle.

Nous faisons l'expérience de cette force d'aimer.

Nous découvrons la force incroyable de l'amour – un amour plus fort que la mort.

L'âme du défunt vit en nous, dans un dialogue intérieur. Elle a besoin d'être aidée, soutenue, je dirais même nourrie par notre prière.

En retour, elle nourrit notre prière, nous renforçant et transformant notre compréhension de la vie.

La séparation est une illusion.

Elle peut être surmontée.

Nous découvrons que nous ne pouvons pas être séparés de ceux que nous avons aimés d'un amour authentique.

Tous les jours, j'offre chaque instant de ma vie au Christ.

D'abord pour toutes les personnes que j'ai aimées, vivantes ou mortes, ensuite pour le reste du monde.

Je remets le monde entre les mains du Christ et de la Vierge Marie.

« Ne pleurez pas au moment de la mort,
c'est l'instant de joie »

« CE QUI SE PASSERA DE L'AUTRE CÔTÉ, quand tout pour moi aura basculé dans l'Éternité… Je ne le sais pas !

Je crois, je crois seulement qu'un grand Amour m'attend. Je sais pourtant qu'alors, pauvre et dépouillé, je laisserai Dieu peser le poids de ma vie. Mais ne pensez pas que je désespère… Non, je crois, je crois tellement qu'un grand Amour m'attend. Maintenant que mon heure est proche, que la voix de l'Éternité m'invite à franchir le mur, ce que j'ai cru, je le croirai plus fort au pas de la mort. C'est vers un Amour que je marche en m'en allant, c'est vers son Amour que je tends les bras, c'est dans la vie que je descends doucement.

Si je meurs ne pleurez pas, c'est un Amour qui me prend paisiblement.

Si j'ai peur… et pourquoi pas ?

Rappelez-moi souvent, simplement, qu'un Amour m'attend.

Mon Rédempteur va m'ouvrir la porte de la joie, de sa Lumière.

Oui, Père ! Voici que je viens vers toi comme un enfant, je viens me jeter dans ton Amour, ton Amour qui m'attend. »

Y a-t-il vraiment quelque chose à ajouter à ces mots de Jean de la Croix ?

Il est allé à l'essentiel.

Tout en avouant qu'il ne sait pas ce qu'il adviendra de lui au moment ultime.

Pour l'instant je ne suis pas en état d'agonie. Avec Jean de la Croix, je vois la mort comme une joie, comme la promesse de l'amour si longtemps attendu qui, enfin, se donne dans le dernier souffle.

Cette vision s'inspire directement de ma joie dans la relation à Dieu qui, ma vie durant, a dilaté mon âme.

J'aspire Dieu dans la prière et le silence de la prière. Je vis en lui, avec lui, au rythme de mes souffles.

Doucement je l'inspire puis l'expire.

À travers ma manière d'être et ma façon d'accueillir les autres, j'essaie d'exprimer la surabondance d'amour que je reçois.

Dans certains drames de la vie, on touche une profondeur de souffrance inouïe. Je pense à ces jeunes, sapés dans leurs forces vives par accident ou maladie. Ils demandent le droit à l'euthanasie. Parfois même leurs proches, au risque de devoir rendre des comptes à la justice, leur donnent la mort.

Une mère qui donne la mort à son enfant peut le faire par amour.

Je comprends cela.

Je pense que, moi-même, j'aurais été tentée d'agir ainsi. Du moins, dans un premier temps.

Pourtant j'aurais cherché en Dieu aussi la solution.

Je ne dis pas que je l'aurais trouvée. Je l'aurais cherchée.

On peut légitimement se poser la question de prolonger ou non une vie qui, apparemment, n'aboutit à rien.

Si, avant l'accident ou la maladie, on a cultivé une relation forte avec Dieu, il est possible de trouver un sens à ses souffrances.

La foi est une source d'acceptation.

On unit ses souffrances avec la passion du Christ.

On offre ses souffrances pour l'humanité douloureuse.

Dans toute chose humaine, dans toute détresse, si abyssale soit-elle, il ne faut jamais oublier qu'il y a toujours un côté positif. Si celui ou celle qui souffre dans sa chair pouvait communier tous les jours à la souffrance du Christ, il comprendrait que, dans l'épreuve terrible qu'il subit, il y a une grâce cachée. Qui sait ? Peut-être que ces personnes plus accablées que la moyenne pourraient écrire des livres extraordinaires, dans la mesure où elles ont conservé leur lucidité et un moyen de communiquer.

Elles deviendraient ainsi une lumière et une espérance pour des millions d'êtres humains.

Dans l'adversité, la règle pour moi a toujours été de ne pas me laisser écraser par l'événement.

C'est pourquoi j'aime tellement citer cette phrase de Marc Aurèle qui a inspiré ma vie : « L'obstacle est matière à dépassement. »

Il ne faut pas que l'obstacle nous anéantisse.

Nous grandissons parce que nous luttons.

Lorsque je tombe, je me dis : « Tu es tombée, Emmanuelle ? Relève-toi ! L'obstacle est matière à action. »

Il faut faire ce pari !

Deux ou trois fois je suis plutôt mal tombée dans ma chambre.

Me relever aujourd'hui est un problème mais, en réalité, cela m'amuse, chaque fois que je dois repousser mes limites. En de telles circonstances, je me répète que l'obstacle est matière à action. C'est le moment de concentrer toutes mes forces. Je me traîne jusqu'à mon lit, j'essaie de me raccrocher aux étagères pour arriver à me relever. Ce n'est pas facile, je recommence une fois, deux, trois fois... la dixième fois, enfin, j'y parviens.

Ce jour-là, ma chute a été matière à action.

Il s'agit d'un autre genre d'action, bien sûr, dont parle Marc Aurèle. Il évoque les obstacles qui nous forcent à nous concentrer davantage au plan spirituel. Mais les rappels à l'ordre de mes limites physiques et de mes forces déclinantes sont aussi utiles pour ma pratique spirituelle.

Un Français sur quatre est déprimé au point de devoir se soigner.

Je comprends ce désespoir et j'en ressens toute la portée à travers le courrier qui m'est adressé. Pourtant, à mon sens, la dépression ne peut être qu'une étape. Elle doit nous permettre de comprendre que le découragement et la tristesse sont contraires à la vie et à la vérité de l'être. Nous sommes faits pour tomber par terre et, toujours, dans la lutte, nous grandir puis finir par nous relever.

Jésus et la mort de Lazare

LE DERNIER DES MIRACLES de Jésus est relaté dans l'Évangile de Jean.

Jésus fait revenir à la vie Lazare, qui était mort depuis plusieurs jours.

Paradoxalement, c'est ce triomphe de Jésus sur la mort de Lazare qui va précipiter sa propre mort.

Lazare est un proche de Jésus. Il est cher à son cœur.

C'est un ami de toujours, le frère de Marthe et de Marie. Il appartient à une famille de gens simples qui servent Jésus avec amour et l'écoutent avec ferveur. Cependant, lorsque Jésus reçoit la nouvelle que Lazare est agonisant, il ne se précipite pas à son chevet. Au contraire, à l'étonnement de tous, il temporise et diffère son départ pour la ville de Béthanie.

Quand il approche enfin de la maison de Lazare, Marthe et Marie, ses sœurs, sont désespérées. Elles l'accueillent avec des reproches, persuadées que leur frère ne serait pas mort si Jésus avait été présent !

Le Christ verse des larmes, ému par la douleur des deux femmes.

Force lui est de constater le pouvoir de la mort et le mal qu'elle provoque.

Il pleure quand il voit se lamenter Marthe et Marie. Il pleure aussi devant le caveau où repose Lazare. Mais c'est pourtant à ce moment que Jésus prononce sans doute l'une de ses paroles les plus parfaites :

« Je suis la Résurrection et la vie.

Celui qui croit en moi vivra, quand même il serait mort, et celui qui vit et croit en moi ne mourra jamais. »

Jésus, à la différence des hommes ordinaires, n'a pas seulement la vie.

Il est la vie.

Comme il est la vie, il est aussi la Résurrection.

Celui qui croit en lui vivra, quand bien même il serait mort.

Passer par la mort avec Jésus, ce n'est plus mourir.

C'est célébrer le jour de naissance à la vie éternelle.

« Lazare, sors ! », ordonne le Christ d'une voix forte.

L'impensable se produit.

Lazare reçoit une grâce inouïe. Mort, il se relève et sort de sa tombe.

Le miracle est accompli aux yeux de tous.

Le processus de décomposition de la chair, qui avait déjà commencé son œuvre depuis quatre jours, est brusquement renversé. La mort est vaincue par Jésus qui est la Résurrection et la vie.

La mort libère Lazare.

Cette scène est pour moi extraordinaire.

Je crois que Lazare est le modèle, le prototype de la Résurrection.

Nous allons tous un jour ressusciter.

Lazare a été rappelé par Jésus à la vie humaine. Il a vécu encore quelques années pour prouver à tous que Jésus était vraiment l'envoyé de Dieu, le Messie. Le résultat est que les ennemis du Christ voulurent aussi tuer Lazare ! Car Lazare était le témoin vivant, la preuve indéniable que Jésus avait le pouvoir de ressusciter les morts. Donc ses ennemis voulaient se débarrasser de Lazare. On ne dit pas dans l'Évangile s'ils l'ont fait.

L'homme parfois résiste tellement à la grâce qu'il préférera dire que Jésus a pactisé avec les démons afin de ressusciter les morts plutôt que de recevoir son message d'amour. Pour certains, il est plus facile de condamner un homme qui les guérit ou qui fait revivre les morts, plutôt que de croire en sa parole. Les pharisiens n'étaient pas à court d'arguments pour tenter de justifier l'inexplicable. Quand on ne veut pas croire, on arrive toujours à argumenter.

On ne pouvait pas nier la résurrection de Lazare.

Tout le monde l'avait vue, elle s'était produite devant la foule.

Ce n'était pas une histoire inventée.

Son authenticité était avérée.

Jésus fut alors accusé de faire des miracles au moyen de l'esprit du mal. Les pharisiens prirent peur et décidèrent de le mettre à mort.

« Ne pleure pas si tu m'aimes ! »

EST-CE QUE TU M'AIMES POUR MOI ?
Ou est-ce que tu m'aimes pour toi ?

Si tu m'aimes pour toi et que tu ne me vois plus, tu en souffres.

Mais au contraire, si tu m'aimes pour moi, et si tu comprends qu'une fois mort je suis dans la joie de Dieu, alors ton cœur chante !

Je n'oublie pas cette maman, copte égyptienne, dont le bébé était mort du tétanos.

Dans sa foi, elle avait trouvé la force de lever vers le ciel le petit cadavre.

À travers ses larmes, elle murmurait : « Tu es heureux, toi, mon petit ! Je me réjouis pour toi ! »

Les larmes naissent de la souffrance de la séparation. Comme nous, le Christ pleure quand il constate la mort de Lazare. Mais si l'on croit que l'autre est entré dans la joie de Dieu, on se réjouit pour lui. Son temps de souffrance est révolu, il est entré dans l'éternité de l'amour.

C'est tout le sens de cette prière de saint Augustin que j'ai bien souvent méditée :

« Ne pleure pas si tu m'aimes !

Si tu savais le don de Dieu et ce que c'est que le ciel !

Si tu pouvais d'ici entendre le chant des Bienheureux et me voir au milieu d'eux !

Si tu pouvais voir se dérouler sous tes yeux les immenses horizons et les nouveaux sentiers où je marche !

Si un instant, tu pouvais contempler comme moi la Beauté devant laquelle toutes les beautés pâlissent !

Quoi ?… tu m'as vu… tu m'as aimé dans le pays des ombres et tu ne pourrais ni me revoir ni m'aimer dans le pays des immuables réalités ?

Crois-moi, quand la mort viendra briser tes liens comme elle a brisé ceux qui m'enchaînaient, et quand, un jour que Dieu seul connaît et qu'il a fixé, ton âme viendra dans ce ciel où l'a précédée la mienne… ce jour-là, tu me reverras et tu retrouveras mon affection purifiée.

Tu me reverras donc, transfiguré dans l'extase et le bonheur, non plus attendant la mort, mais avançant, d'instant en instant, avec toi, dans les sentiers nouveaux de la Lumière et de la Vie !

Alors essuie tes larmes, et ne pleure plus... si tu m'aimes ! »

Le don insurpassable de Dieu est qu'il est venu prendre notre chair humaine.

Son histoire sur terre ressemble à celle de tout un chacun.

Jésus a connu des jours heureux, petit enfant. Il aimait à se blottir dans les bras de sa mère. Mais le moment est venu où il a dû accepter de souffrir et de mourir crucifié.

C'est cela le don de Dieu.

En mourant, le Christ nous a emportés, malgré nos faiblesses et nos manquements, dans l'aventure de sa résurrection dont Lazare est un signe.

La résurrection est le royaume du ciel et de l'amour, où il n'y a plus ni haine, ni incompréhension.

Au ciel, tous chantent la gloire de Dieu dont ils contemplent la Beauté.

Devant la Beauté de Dieu, toutes les beautés humaines pâlissent.

Sur terre, nous ne voyons pas cette perfection divine.

C'est pourquoi le défunt s'adresse à ceux qui le pleurent sur cette terre et leur fait entendre son bonheur à lui, dans le face-à-face avec la Beauté éternelle.

Saint Augustin compare notre demeure terrestre au pays des ombres : « Tu m'as aimé dans le pays des ombres, tu ne pourrais m'aimer dans le pays des immuables réalités ? »

J'entends, dans ces mots, l'esprit kabyle de ce philosophe de Dieu, marqué de culture grecque. Socrate décrivait la caverne où nous voyons défiler la réalité comme un théâtre d'ombres.

Je pense souvent à cette image de la caverne. Elle me paraît juste à bien des égards.

Les hommes y sont assis, le dos tourné à l'ouverture.

La lumière du soleil projette les ombres des passants sur le mur du fond.

C'est ainsi, selon Socrate, que l'on se connaît les uns les autres.

Nous sommes des ombres les uns pour les autres.

Pis encore ! Nous n'arrivons pas à traverser, pour mieux la connaître, l'ombre que nous sommes le plus souvent pour nous-mêmes.

La pédagogie de Socrate visait à aider les jeunes gens afin qu'ils percent leur ombre pour se connaître et exprimer le meilleur d'eux-mêmes. Il faut savoir tirer vers la lumière ce que l'on porte en soi d'excellent. Combien de fois ai-je dit autour de moi et notamment à mes élèves : « Sois toi-même ! Fais sortir de toi tout ce que tu as de beau ! »

Pourquoi la maladie ?
Pourquoi la mort ?

Je prie pour ceux qui refusent Dieu et la prière.

Certains rejettent l'idée, fausse selon moi, d'un Dieu autoritaire, à la manière des dieux de l'Antiquité qui disposaient capricieusement des destinées humaines.

Je refuse aussi ce Dieu-là qui menace de nous envoyer en enfer si nous faisons le mal ou n'obéissons pas aux commandements.

J'appelle Dieu la bonté en son essence.

Celui qui vit de manière désintéressée porte Dieu dans son cœur, même s'il ne l'appelle pas Dieu.

Dieu, c'est un mot en quatre lettres.

Employer un mot ou ne pas l'employer, quelle importance ?

Il faut vivre en Dieu, qu'on le prie ou non.

On ne peut prier un Dieu lointain, indifférent aux déchaînements de la violence et de la guerre.

Je ne crois pas en un tel Dieu.

Si Dieu permet la guerre, la violence et la mort, c'est qu'il a voulu donner à l'homme le cadeau le plus merveilleux, la liberté. Dieu a préféré que nous ne soyons pas des robots appliqués à faire le bien. Il n'y a aucune valeur à agir ainsi. L'essentiel est de marcher dans le chemin direct qui est celui de Dieu.

J'ai souvent rencontré des intellectuels avec qui j'ai eu des discussions passionnantes.

Certains me disaient parfois :

« Ma sœur, je voudrais croire, je voudrais prier. »

Je leur répondais :

« Tu le veux, soit. Mais tu ne le peux. Dans ton état, comment suivrais-tu le conseil de Pascal, recommandant de s'abêtir ? Pascal dit qu'il y a un moment où l'on doit accepter d'être bête. Il faut faire le vide en soi, laisser tomber tout ce que l'intelligence, la raison et les lectures ont construit pour rester devant Dieu dans le silence de ses limites. »

Comment des intellectuels pourraient-ils accepter cela ?

Seule la foi le permet.

Il leur est à mon sens, pour l'instant, impossible de prier.

D'ailleurs Dieu ne le leur demande pas.

Mais des événements comme la maladie et la mort les rapprocheront peut-être du divin.

Dieu a permis la maladie, la souffrance et la perte des êtres aimés pour nous aider à entrer dans cette vacuité dont nous ne voulons pas.

Spontanément, nous n'acceptons pas de nous vider de notre intelligence.

Cela nous répugne.

Je vois encore cet homme, le mari d'une jeune amie.

Pendant une heure, il se laissa aller à un persiflage brillant.

C'était un bel esprit voltairien et il se moquait de tout. Le gouvernement, les hommes, les femmes, la morale, la religion y passaient sans trouver grâce à ses yeux. Son discours était très superficiel, mais il se persuadait lui-même de ce qu'il disait avec une grande intelligence.

Puis voilà que cet homme perd son père qu'il aimait profondément.

Le désespoir le gagne.

Il vient me voir seul.

Je découvre en face de moi une autre personne.

Le temps n'était plus aux jeux de mots et d'esprit.

Il tenait des propos d'une profondeur incroyable.

J'ai repensé à cette image d'Henri Bergson, le philosophe qui fut un peu poète. Il compare le cœur humain à un lac d'automne, jonché de feuilles. On ne connaît de son cœur qu'une poignée de feuilles mortes déposées en surface, en ignorant qu'au fond du lac gisent en profusion les richesses d'une vie cachée !

Une vie insoupçonnable, si l'on s'arrête aux apparences.

Avec la maladie et la mort, soudain, nous ressentons nos limites.

Au lieu de nous affaiblir intellectuellement, nous nous fortifions dans l'épreuve.

Ce qui faisait notre science n'était pas l'essentiel. La maladie peut permettre de dépasser une réalité superficielle qui nous fascinait et nous enfermait dans cette fascination.

Il est vrai que le monde intellectuel est passionnant.

Mais ce monde de l'esprit occulte une autre dimension.

J'ai remarqué que les intellectuels souffrent de la contradiction entre le monde physique, nécessairement limité, et leur désir d'illimité.

Un jour viendra où il leur sera donné de découvrir le sans-limites que révèle la foi.

Pour l'instant, mieux vaut qu'ils restent ce qu'ils sont.

Certains disent qu'au moment de la mort le Christ se présente et demande à chacun de nous : « Est-ce que tu me choisis ? Veux-tu de moi ? »

L'homme qui, toute sa vie, n'a vécu que pour assouvir son plaisir et ses passions risque, au moment de la mort, de rejeter le Christ.

Quand l'amour paraît devant lui, il ne le reconnaît pas et le refuse.

Il ne peut pas l'accepter.

Celui qui a eu des faiblesses, certes, mais qui a toutefois rempli sa vie avec un idéal altruiste, celui-là verra la lumière du Christ.

Je crois qu'il aura alors la force de dire :

« Seigneur, c'est toi que je choisis !

Pardon, je ne connaissais pas ton visage. »

Je ne suis pas inquiète pour tout homme de bonne volonté.

Dieu ne demande pas à un intellectuel de se mettre à genoux !

Je ne donne pas d'importance à la question de l'identité religieuse.

La vérité est dans le cœur.

L'homme de bonne volonté est celui qui sait aimer.

La mort n'existe que pour la résurrection

CINQUANTE MILLE ENFANTS meurent de faim tous les jours.

Je ne pense pas à eux sans arrêt, mais je réfléchis souvent à la détresse humaine.

Je reçois un grand nombre de lettres écrites par des gens qui souffrent trop et cela me poursuit.

Notre terre est une terre d'épreuve, de passage, de souffrance et aussi de joie.

Je prends dans mon cœur ceux qui m'appellent au secours.

Je souffre avec eux, moi qui ne souffre pas assez.

Je suis une privilégiée, mais j'essaie quand même de vivre en osmose avec ceux qui sont dans la détresse matérielle ou morale.

Je voudrais éprouver tout ce que mes frères et sœurs endurent de douloureux.

Ce n'est pas une réalité concrète que je vis, mais juste un désir, une aspiration s'exprimant à travers ma prière.

Je voudrais partager davantage.

Je suis trop gâtée.

Je ne dirais pas que j'en souffre mais, sincèrement, je préférerais être dans le bidonville avec mes frères et sœurs dont la vie est si difficile !

Quand les moines de Tibhirine[1] ont été capturés, j'aurais voulu être avec eux pour partager leur épreuve.

Être humain, c'est partager.

Il est préférable de partager ce qu'il y a de plus dur.

En partageant l'épreuve, on peut apporter un soulagement à celui qui souffre.

Ce soulagement, j'essaie de le procurer aux autres par la prière.

Je demande à Dieu de donner à chacun la force de porter sa vie et de transformer sa douleur.

---

1. Communauté de trappistes établis à Tibhirine, en Algérie. Cinq d'entre eux furent enlevés en mars 1996 par des intégristes du Groupe islamique armé et l'on retrouva leurs têtes coupées au mois de mai 1996.

On la transforme lorsque, au lieu de rester enfermé dans sa souffrance, on arrive à en sortir pour pénétrer dans la souffrance des autres.

En ces dernières années de ma vie, je ne peux plus partager matériellement les difficultés de mes semblables, mais je peux me mettre à l'unisson de leur peine par la pensée et le cœur.

Je les accompagne ainsi en priant pour qu'ils marchent à travers tout.

C'est un temps d'épreuve qu'il faut surmonter sans oublier que la souffrance et la mort existent parce qu'il y a la résurrection.

De la mort sort la vie

LA SOUFFRANCE EST l'un des plus grands mystères humains.

Dieu a voulu s'incarner pour vivre la souffrance.

« Mon Dieu, mon Dieu pourquoi m'as-tu abandonné ? » demande à son Père le Christ en croix.

La souffrance me paraît parfois un domaine que j'ose à peine approcher.

C'est comme si les mots n'avaient plus d'écho lorsque l'on parle de la souffrance.

La carence d'amour d'un enfant, en particulier, est insupportable.

Je ne me sens pas capable d'y répondre, si ce n'est par la communion des saints, dans la prière.

Il est facile en un sens de nourrir soixante-dix mille enfants.

Facile de leur trouver de la nourriture, des professeurs, des cahiers.

Nous le faisons, nous y arrivons.

Mais quand on me dit : « Ma sœur, je n'en peux plus, je suis seule au monde. J'ai trop besoin d'amour et je n'en reçois pas », que faire ?

Quand une personne me confie sa détresse morale, que lui répondre lorsqu'elle me dit : « Mon âme se meurt » ? Or je reçois des centaines de lettres exprimant un tel message.

Je demande à Dieu d'aider ces personnes à porter leur souffrance car, dans la religion chrétienne, on ne dit pas que Dieu supprime la souffrance.

La souffrance fait partie de la vie.

Elle vient parfois du manque d'amour.

Si tous les hommes s'aimaient, la terre serait un paradis.

Dans la mesure où l'on s'aime, la vie est un chant de joie.

Si l'on se hait, la vie est un enfer.

J'en reviens à cette carence d'amour, c'est quelque chose de terrible.

Je prie la nuit à la chapelle, je collecte la carence d'amour des hommes.

Je l'unis avec la carence d'amour que

le Christ a voulu ressentir dans son corps, son âme, son cœur.

Quand il a été cloué comme une bête sur la croix, il n'a entendu que des moqueries autour de lui.

Au point qu'il s'est même senti abandonné de Dieu.

Le Christ est passé par cette extrémité de douleur avant la résurrection.

Je crois en la résurrection de la chair.

Je crois en une vie d'amour d'éternité en éternité.

Voilà ce en quoi je crois.

C'est pourquoi j'offre ma prière, unie à la passion du Christ, à la mort, au vide et au cri d'angoisse poussé par le Christ.

Je crois que de la souffrance sort la joie.

Je crois que de la mort sort la vie.

Le monde de Dieu

LE MONDE DE DIEU est tout amour. Le monde de Dieu est toute lumière.
Le monde de Dieu est toute joie.
Le monde de Dieu est tout bonheur.

Dieu n'est qu'amour.
Dieu est éternité.
Dieu n'a ni commencement, ni fin.
Les mots sont trop limités pour en parler.

Dès que l'on entre dans le monde de Dieu, on échappe au monde changeant.

C'est le refuge qui protège des bruits du monde sans valeur.

On entre dans un monde éternel, immortel.

Telle est la dimension de l'amour qui ne peut pas mourir.

Un amour vivant pour les siècles des siècles.

Peut-on seulement imaginer un tel amour ?

Y penser me fait du bien.

C'est une grande espérance, la seule espérance, la vraie.

Se plonger en Dieu, c'est laisser tomber ce qui est petit, mauvais, faux, mesquin, étroit, méchant – pour s'attacher à tout ce qui est bien, bon et vrai.

Dans le cœur du Christ

EN MOURANT DANS le cœur du Christ, la mort n'est pas la mort.

Dans le cœur du Christ, on renaît dans la vie d'un amour plus fort que la mort.

Dans le cœur du Christ, on renaît à la vie de toute éternité.

2

Toucher la main de l'ange

« Dans chaque chose que nous appelons une épreuve, un chagrin ou un devoir, se trouve, croyez-moi, la main de l'ange ; le don est là, ainsi que la merveille d'une présence adombrante. Accueillez-la, saisissez-la, et vous toucherez la main de l'ange qui vous l'apporte. »

Fra Angelico

Le mystère joyeux de Noël

LA NUIT DE NOËL représente le mystère joyeux de la vie qui triomphe de la mort.

Pendant la messe de minuit, avec la Nativité, les chrétiens fêtent l'Incarnation dans sa dimension de bonheur et d'allégresse.

La naissance de Jésus est célébrée par des chants de joie.

Les maisons s'illuminent avec des sapins que l'on décore de guirlandes scintillantes, de bougies, d'angelots. J'ai toujours aimé orner le sommet du sapin d'une étoile, en souvenir de l'étoile qui guida autrefois les Rois mages d'Arabie.

Symboliquement, l'arbre de Noël représente le lien entre le ciel et la terre. Les guirlandes de lumière, qui enveloppent les branches du sapin, expriment l'amour divin et, au pied de l'arbre, on dispose les cadeaux, signes de nos amours humains.

Tout à la joie de Noël, on oublie que l'Incarnation est la descente dans la souffrance.

Le mystère joyeux de Noël s'enracine dans notre détresse.

Jésus est venu parmi nous dans une grotte.

J'ai voulu prier et me recueillir à Bethléem. Une année, j'y ai passé la nuit de Noël. Les lieux de la Nativité sont devenus très hospitaliers aujourd'hui. La grotte est éclairée mais, si l'on y regarde de plus près, on comprend que l'endroit est sombre et humide, bien peu approprié pour mettre un enfant au monde.

Jésus est tombé dans ce qu'il y a de plus misérable, de plus pauvre, de plus déshérité. Il est né par terre, sur la paille. Marie a placé son corps dans une mangeoire d'animaux.

Quelle femme accepterait d'enfanter ainsi, en posant ensuite son bébé dans une mangeoire ?

Les femmes parmi les plus pauvres, comme j'ai pu le voir en Égypte ou au Soudan, ont au moins quelques morceaux de tissu, des haillons sur lesquels poser leur enfant. Personnellement, je n'ai jamais été témoin d'une naissance dans de telles conditions, même si j'imagine que cela doit malheureusement exister.

Dans nos sociétés riches, la Noël n'est pas exempte de drames. Je me souviens avoir lu une année que, pendant le réveillon, dans une ville allemande, une femme sans domicile fixe avait accouché dans la rue. Son bébé était mort de froid.

Jésus a voulu naître aussi dans des circonstances difficiles.

Il est vraiment entré dans la chair humaine avec tout ce qu'elle représente de plus faible, de plus fragile et de mortel, afin d'assumer la détresse humaine, afin que l'homme, à travers lui, devienne Dieu.

Jésus n'est pas venu supprimer la souffrance.

« Celui qui veut marcher derrière moi doit prendre ma croix », tel est son message.

Souffrir fait partie de la vie humaine.

Mais n'oublions jamais qu'avec la croix, nous marchons vers la résurrection.

Les hommes ont du mal à le comprendre. Ils prient pour que Dieu leur enlève des soucis ou des maladies, et que leurs enfants réussissent les examens. Dieu n'est pas venu sur terre dans ce but.

L'existence terrestre est un moment d'épreuves.

Mais Dieu n'a pas fait la mort. C'est l'homme qui, en se révoltant contre Dieu, s'est révolté contre son propre bonheur.

Comme le disait Protagoras, le sage grec qui ne se rangeait pas à l'avis de Socrate : « L'homme est la mesure de toute chose. »

Quand l'homme veut être la mesure de tout, il n'est que la mesure de son malheur.

À notre échelle, les choses sont tellement petites, mesquines, rétrécies ! On ne peut pas trouver le bonheur. Dieu est la mesure de tout et quand on prend Dieu dans sa vie, on a l'univers à soi.

Le monde est à nous.

Le monde est au Christ et le Christ est à Dieu.

À travers le monde nous allons jusqu'à Dieu.

La joie secrète de mon premier Noël

MON PÈRE EST MORT noyé sous mes yeux, un matin de septembre 1914.

J'avais six ans.

C'était un homme fier et courageux qui n'avait pas l'obligation d'aller combattre en ce début de Première Guerre mondiale. Il était français mais résident en Belgique. Il n'avait donc pas été appelé sous les drapeaux. Cependant, par amour pour la France, par sens du devoir et de la solidarité avec ceux qui se battaient déjà, il avait décidé de se porter volontaire. Il s'était présenté dans un bureau de recrutement et, avant de rejoindre l'armée française, nous étions partis en famille passer ensemble quelques jours de détente au bord de la mer du Nord.

C'était un dimanche.

Tandis que ma mère était à la messe, mon père m'avait emmenée sur la plage avec mon frère et ma sœur. Le vent soufflait très fort sur la Manche mais cela ne l'avait pas dissuadé d'affronter la houle démontée.

Je revois sa silhouette élancée qui nous tourne le dos tandis qu'il s'avance dans la mer.

Il traverse des vagues hautes et puissantes, déferlant avec fracas en rejetant un tourbillon d'écume. Il prend plaisir à braver la force de cette mer rebelle et nous fait des signes de la main. Il nage de plus en plus loin. Nous apercevons sa tête au-dessus des flots et soudain elle disparaît.

Nous n'avons jamais revu notre père.

La mer a rendu son corps quelques jours plus tard.

Après la mort de mon père, je pensais à lui très souvent mais je n'en parlais pas.

Le chagrin était entré dans la maison.

Je pleurais seule, me faisant un devoir de cacher mes larmes.

La première année de ce deuil, j'ai beaucoup pleuré. Rien ne pouvait me consoler.

En décembre 1914, trois mois après cette tragédie, nous avons dû partir pour l'Angleterre. La Belgique était occupée par les Allemands. Comme nous avions des cousins à Londres, ma mère pensait que ce serait plus sûr. Elle ne voulait pas élever, seule à Bruxelles, ses trois enfants, dans une période aussi incertaine.

Ce Noël froid et brumeux de Londres est le premier que je me rappelle. La messe de minuit, en cette période douloureuse de mon enfance, m'a marquée durablement.

Ce n'est pas un souvenir triste.

L'enfant Jésus dans la crèche était un gros poupon joufflu, emmailloté d'un linge blanc. Il reposait sur la paille, entre Marie et Joseph, près du bœuf, de l'âne et des personnages qu'on avait disposés autour de lui. Le décor n'avait rien d'extraordinaire. Pourtant cette crèche brille toujours dans ma mémoire et, à l'époque, j'y ai trouvé une source de joie qui m'a réconfortée.

Ma mère m'avait expliqué que Jésus était descendu du ciel pour être pauvre et malheureux parce que nous, les humains, sur cette terre, sommes pauvres et malheureux.

J'avais demandé à ma mère si Jésus était venu aussi pour moi.

Elle avait répondu que oui. Par amour pour moi, cet enfant était né la nuit de Noël, dans une étable, sur de la paille.

La petite fille tourmentée, turbulente et coléreuse que j'étais s'est soudain sentie apaisée.

La peine a cédé devant la joie.

Ainsi Jésus avait voulu être couché près du bœuf et de l'âne afin de pouvoir m'aimer ! Il avait accepté de naître dans le dénuement pour moi ! Je pensais au joli berceau de mon petit frère, avec ses draps de dentelle, ses couvertures blanches qui sentaient bon. Et je regardais l'enfant Jésus allongé à même la paille.

Le contraste était saisissant.

Il avait la valeur d'une révélation. Je sentais grandir en moi l'évidence d'un amour immense et inconnu.

Cet amour était d'autant plus précieux que Jésus, fils de Dieu, était descendu du ciel sur notre terre.

Or, on m'avait dit que mon papa était monté au ciel où il avait été accueilli dans la maison de Dieu.

L'amour de Jésus devenait un lien avec l'amour de mon père disparu. Je cultivais la certitude d'être chérie de lui à travers ce petit enfant dans la crèche que je ne me lassais pas de contempler.

Je posai d'innombrables questions à ma mère.

Plus elle me parlait du mystère de Noël, plus je sentais grandir en moi une joie secrète. En ce premier Noël où je me suis sentie aimée de Dieu, l'amour de Jésus est venu adoucir la souffrance du deuil qui déchirait mon cœur d'enfant.

Le jour de Noël, j'aime toucher la main de l'ange

CE TOUT PETIT ENFANT que nous fêtons le jour de Noël est un magnifique symbole.

Il est uni à Dieu et fait partie de la Trinité.

Mais il est aussi uni à un corps humain.

Tel est le mystère de l'Incarnation.

Noël est un jour de joie.

Avec la naissance de l'enfant Jésus, le ciel se rapproche de la terre.

Pour célébrer cette proximité, j'aime relire cette lettre, attribuée au peintre Fra Angelico, qui l'aurait écrite à l'un de ses amis. J'en savoure le sens, phrase après phrase :

« Ami,

Il n'y a rien que je pourrais vous offrir que vous ne possédiez déjà, mais il y a beaucoup de choses que je ne puis donner et que vous pouvez prendre. »

Dans ces premières lignes, je retrouve l'un des grands principes qui m'ont guidée dans les relations humaines. Que ce soit à l'époque de ma jeunesse, en tant que professeur avec mes élèves, ou plus tard, auprès de mes frères et sœurs chiffonniers dans le combat que nous avons mené ensemble, j'ai toujours tenté de faire découvrir à l'autre ses richesses.

« Il n'y a rien que je pourrais vous offrir que vous ne possédiez déjà. »

Il est essentiel de réaliser cette vérité. Sinon le risque est grand d'écraser autrui avec ce que l'on croit lui apporter. La meilleure manière d'enrichir l'autre est de l'aider à découvrir ses trésors cachés qu'il ignore.

Nous sommes riches de richesses inouïes.

Le drame est que bien souvent notre vie passe sans que nous en devenions conscients.

Étymologiquement, le mot *éducation* signifie *extraire*.

Il s'agit en effet de faire éclore ce que l'enfant ou le jeune adulte ont de meilleur, en leur permettant d'exprimer toute la beauté de leur personnalité. C'est ainsi que j'ai entendu ma mission d'éducatrice ou de sœur en humanité des personnes que la vie m'a donné de rencontrer.

Je n'avais pas de richesses matérielles à distribuer autour de moi, car je n'en possède pas.

Mais j'ai tenté de rendre les autres riches d'une richesse inestimable, la richesse de leur propre humanité.

Ainsi avons-nous grandi ensemble en humanité, car en les enrichissant, ils m'ont en retour enrichie.

Nous avons partagé l'essentiel pris dans le meilleur de nous-mêmes.

Fra Angelico poursuit :

> « Le ciel ne peut descendre jusqu'à nous, à moins que notre cœur n'y trouve aujourd'hui même son repos.
>
> Prenez donc le ciel ! »

Qu'est-ce que le ciel ?

Évidemment, ce n'est pas le ciel au sens physique des météorologues. C'est le ciel de l'âme ou du cœur – un état d'amour et de fraternité où le cœur se repose.

C'est joli cette expression de « prendre le ciel », comme on dit plus communément « prendre la mer ».

L'artiste nous engage à voguer sur l'océan de l'amour, à surfer sur les vagues de la bonté qui naissent spontanément d'un cœur aimant.

Et, dans le même esprit, Fra Angelico nous engage à « prendre la paix » :

> « Il n'existe pas de paix dans l'avenir qui ne soit cachée dans ce court moment présent.
>
> Prenez donc la paix ! »

La paix est l'état du cœur qui réussit à apaiser les vieilles haines, à pardonner dans la joie de se rendre accueillant à autrui.

Dans l'accomplissement de la paix, l'anxiété du lendemain s'évanouit.

On vogue sur la paix, comme sur une mer calmée après la tempête.

> « L'obscurité du monde n'est qu'une ombre. Derrière elle, et cependant à notre portée, se trouve la joie.

> Il y a derrière cette obscurité une splendeur et une joie ineffables, si nous pouvions seulement les voir ! »

Fra Angelico s'exprime avec les mots d'un peintre.

Ce qu'il appelle « l'obscurité du monde », nous le désignerions comme le mal, l'absence de bonté. Son langage imagé nous met en garde.

Attention ! Cette obscurité apparente n'a pas de réalité.

C'est seulement un voile.

Elle cache une source de lumière qui est pure splendeur et joie ineffable.

C'est bien souvent notre drame humain, nous ne voyons pas ce qui est présent sous nos yeux. Et nous allons chercher bien loin, sans le trouver, ce qui est à portée de nos regards, à portée de nos mains.

Ce qui est proche reste invisible – parce qu'il est proche.

Écoutons l'artiste divin qui nous apprend à voir et nous enseigne à ajuster notre regard :

> « Et pour voir, vous n'avez qu'à regarder. Je vous prie donc de regarder.
>
> La vie est généreuse, donatrice, mais nous qui jugeons ses dons d'après l'apparence extérieure, nous les rejetons, les trouvant laids, pesants ou durs.

Enlevons cette enveloppe et nous trouverons au-dessous d'elle une vivante splendeur, tissée d'amour par la sagesse, avec d'abondants pouvoirs.

Accueillez-la, saisissez-la, et vous toucherez la main de l'ange qui vous l'apporte. »

Ces mots sont un enchantement.

Ils ont le pouvoir incroyable de résonner avec les expériences profondes du cœur.

Cette « vivante splendeur, tissée d'amour par la sagesse, avec d'abondants pouvoirs », je crois qu'elle se révèle dans des moments privilégiés de la vie.

Ce sont des moments pareils à des éblouissements.

Noël est un tel instant de grâce où les hommes se recueillent devant l'innocence de l'enfant nouveau-né.

Devant le mystère de la vie naissante, nous redécouvrons notre fraternité. La nuit de Noël, les conflits sont suspendus et les armes se taisent. Même si la bataille fera de nouveau rage le lendemain, au moins, pendant la trêve d'une nuit sainte, nous aurons goûté la paix.

Ce goût de la paix dans nos cœurs est incomparable.

Y a-t-il un seul être humain qui n'ait la nostalgie de la paix ?

De la saveur de la fraternité ?

> « Dans chaque chose que nous appelons une épreuve, un chagrin ou un devoir, se trouve, croyez-moi, la main de l'ange ; le don est là, ainsi que la merveille d'une présence adombrante. »

Le mot « adombrant » fait référence au phénomène de l'éclipse.

Quand l'ombre projetée de la Terre s'interpose entre le Soleil et la Lune, la Terre devient adombrante.

Encore une fois, dans cette symbolique de l'ombre et de la lumière, Fra Angelico révèle une vérité essentielle. Au lieu de nous arrêter à l'ombre portée, il nous engage à traverser l'ombre, à jeter notre regard au-delà pour apercevoir la lumière brillant dans l'obscurité.

Pourquoi y a-t-il ombre ?

L'ombre existe parce que la source lumineuse est présente.

Au lieu de nous lamenter sur l'absence de lumière, sachons, au cœur de la pénombre, être heureux de ce jour qui continue de luire, même de manière ténue. En nous réjouissant, nous cultivons un sentiment de bonheur qui ramènera la lumière.

Il faut apprendre à voir plus loin que les voiles posés sur les choses.

Le poète persan Shabistari[1] exprime cela avec des mots qui m'ont toujours inspirée. Combien de fois ai-je approfondi mon regard en redisant avec lui :

« Fends le cœur de l'homme, tu y trouveras un soleil. »

En chacun, j'ai voulu voir le soleil de son cœur.

En chacun, j'ai découvert le soleil du cœur.

« De même pour nos joies : ne vous en contentez pas en tant que joies, elles aussi cachent des dons divins.

La vie est tellement emplie de beautés au-dessous de son enveloppe, que vous apercevrez que la terre ne fait que recouvrir votre ciel. Courage donc pour le réclamer. Mais vous avez du courage et vous savez que nous sommes ensemble des pèlerins qui, à travers des pays inconnus, se dirigent vers leur patrie.

Ainsi, en ce jour de Noël, je vous salue, non pas exactement de la manière dont le monde envoie ces salutations, mais avec la

1. Poète du XIIe siècle.

prière : que pour vous, maintenant et à jamais, le jour se lève et les ombres s'enfuient. »

La vie divine est la sève secrète.

La tristesse, le désespoir sont l'écorce, l'enveloppe extérieure qu'il faut traverser pour revenir à l'essence.

La prière de Noël nous conduit vers « le jour qui se lève ».

C'est l'aurore merveilleuse d'un jour de bonté.

La bonté est notre vérité, notre être profond qui se réalise dans l'union de prière en Dieu.

Le mal n'est qu'une ombre portée.

Le mal n'existe pas.

Il est la trace de fumée qui suit notre chemin de lumière.

Le monde intermédiaire ou la rencontre entre les messagers célestes et les humains

DANS SES TOILES, Fra Angelico a capté l'invisible.

Il s'est approché de l'autre monde et l'a mis en images.

Sous son pinceau, l'artiste nous donne à contempler un reflet extraordinaire de la beauté. Ses tableaux nous font partager la grâce d'un art qui met en couleurs et en formes la splendeur divine.

Fra Angelico nous fait entrevoir l'invisible dans le visible.

En contemplant ses œuvres, j'ai le sentiment de suivre le regard céleste du peintre. Je me laisse porter par sa vision qui m'aide à transcender la matière à travers la beauté.

Socrate disait que l'on va des beaux corps aux belles sciences et des belles sciences à la beauté divine.

Ce sont des étapes.

Quand on arrive à la beauté de Dieu, on est dans l'invisible.

On entre dans la non-émotivité et, selon moi, à ce stade on établit une relation directe et verticale avec les plans supérieurs, situés au-delà de la matière.

Après être passé dans la transcendance, le moment arrive où il faut revenir à la matière.

J'ai chaque fois le sentiment d'y retomber, dotée d'une force renouvelée.

C'est avec un amour revigoré dans la lumière divine qu'il m'est donné d'embrasser le cœur humain où matière et esprit sont à part égale.

Fra Angelico nous introduit dans le monde intermédiaire de la rencontre entre les messagers célestes et les humains.

Sa peinture suggère le passage de la chair vers l'autre monde entièrement spiritualisé.

Avec l'ange Gabriel, j'aime saluer Marie

POUR PRIER, j'aime placer devant moi une image qui parle à mon cœur.

Je peux faire toutes les prières du monde devant *L'Annonciation* peinte par Fra Angelico.

Dans *L'Annonciation,* Fra Angelico a représenté la rencontre entre l'ange Gabriel, un être céleste, et Marie, la femme humaine qui va mettre au monde l'enfant de Dieu.

L'artiste a mis en scène l'union entre la divinité et l'humanité, la divinité qui se fait humanité.

Je me rappelle cette parole d'un Père de l'Église :

« Dieu s'est fait homme pour que l'homme devienne Dieu. »

Comme l'ange Gabriel, moi aussi je me penche pour saluer Marie.

Je courbe mon âme devant celle qui fait oraison, la Vierge en prière.

Marie est étonnée.

Petite et humble, elle ne sait pas qu'elle est pleine de grâce.

En présence de l'ange, elle croise les mains devant son cœur.

Sur le visage de la Vierge un sourire est esquissé.

Son regard très pur, très simple, a une expression de limpidité sereine.

En cet instant, Marie ne pense pas qu'elle va devenir la mère de Jésus.

Elle prie pour tous les hommes, le livre des Saintes Écritures délicatement ouvert sur ses genoux.

Elle se tient le buste fléchi parce qu'elle ne veut surtout pas paraître importante, tandis que le plissé d'un voile transparent filtre la blondeur de sa chevelure et la blancheur de son cou. Les courbes douces de sa silhouette expriment la soumission, l'obéissance silencieuse et l'acceptation du plan divin.

Son visage au teint de nacre, éclairé d'une beauté surnaturelle, est intériorisé et on lit dans ses yeux l'acquiescement et l'intelligence du mystère consenti.

L'ange regarde Marie. Son auréole

dorée est finement poinçonnée, comme celle de la Vierge. Ses ailes se déploient autour de son habit liturgique, nuancé de rose et brodé d'or. Le messager divin a posé le genou droit en terre. Il se penche vers Marie en signe de respect.

Lui aussi a les deux mains croisées devant sa poitrine.

Le temps s'est arrêté.

Une lumière douce, émanant de l'ange et de la Vierge, enveloppe cet instant grave où la volonté de Dieu s'accomplit dans le monde humain.

La Vierge regarde l'ange qui la regarde.

Il y a dans leur attitude beaucoup d'amour.

Nous pouvons aussi apprendre à regarder l'autre avec douceur, respect, amitié.

Pourquoi vouloir passer pour de grands personnages ?

Au fond, par la porte entrouverte d'une chambre pauvre aux murs nus, on aperçoit un jardin égayé par des fleurs rouges et blanches, fermé par une clôture.

Quand elle prie, la Vierge aime se retirer.

On sent l'authenticité de la prière symbolisée dans les détails de la composition. Les colonnes corinthiennes, surmontées de feuilles d'acanthe, représentent avec leurs fûts élancés la prière qui monte vers

Dieu. Le plafond en arcades fait penser au ciel, tout comme le manteau de la Vierge, de couleur bleue. L'étoffe se déploie avec souplesse en jeux de lumière tendre sur la robe d'un rouge pastellisé.

Assise modestement, avec beaucoup de retenue, sur un petit tabouret de bois, comme elle sait être humble, celle qui va devenir la reine du Ciel !

Lorsque je contemple le mystère de l'Annonciation, de mon cœur montent les mots de cette prière spontanée :

> « Ô Vierge Mère, Marie pleine de grâces, apprends-nous à aimer le monde ! »

Ma prière est toute simple.

Je m'efforce de la rendre divine, plongée en Dieu, et simultanément de la rendre profondément humaine, penchée vers l'humanité.

Je prie avec Marie pour ceux qui souffrent.

Je demande à la Vierge de les présenter à son Fils pour que les femmes, les hommes et les enfants qui sont dans la peine trouvent la force de traverser l'épreuve sans tomber dans le désespoir.

Le tableau de l'Annonciation m'aide énormément car il permet à mon âme de se recueillir à la source même de l'amour.

Si nous acceptions de lever plus souvent les yeux vers Dieu, notre vie aurait plus de sens.

Nous ressentirions aussi plus de joie, une joie profonde. Je ne parle pas des petits plaisirs passagers, mais de la joie authentique me faisant remercier Dieu d'exister, d'être sur terre, d'avoir un corps, une âme, des frères, des sœurs, de jouir du soleil, des fleurs, des oiseaux, des arbres.

Fra Angelico est l'artiste qui inspire le plus ma prière.

Sa peinture est tournée vers le ciel mais simultanément offerte, dirigée vers nous qui habitons la terre.

Je ne peux pas accepter de regarder le ciel sans la terre, ni la terre sans le ciel.

Ma prière doit toujours unir les deux.

Quand je contemple le ciel, je regarde Dieu qui est le père de l'humanité.

Mais Jésus a voulu être le frère de l'humanité. Donc je n'ai pas le droit de jeter seulement mon regard vers le ciel, en oubliant que sur terre les hommes souffrent autant.

Je n'ai pas le droit non plus de regarder uniquement la souffrance des hommes.

De toutes mes forces, je tente de prendre en moi cette souffrance pour l'offrir à Dieu et qu'ainsi femmes et hommes arrivent à la résurrection et à l'assomption dans le ciel.

« Je suis la servante du Seigneur »

LA PRIÈRE DE MARIE pourrait se résumer à la phrase qu'elle prononce en présence de l'ange, au moment de l'Annonciation :

« Je suis la servante du Seigneur. »

Il faut s'entendre sur le sens de ces mots.

Marie n'est pas la servante du Seigneur au ciel, mais sur terre où elle est la servante de tout être humain qui souffre.

Être la servante de Dieu, à quoi bon ?

Cela ne sert à rien !

Dieu, on ne le voit pas !

Non, Marie est au service de l'humanité.

Marie a été servante au sens très noble du terme. Elle a toujours voulu servir.

Je veux être en union avec elle, aussi intimement que possible.

Je la prie presque toute la journée.

Avec elle et comme elle, je lui demande de m'aider à mettre ma vie au service de mes frères et de mes sœurs tant aimés.

La pureté de Marie réjouit mon cœur

Le dogme de l'Immaculée Conception a été défini par le pape à la fin du XIXe siècle.

Selon ce dogme, la Vierge est née absolument pure.

L'homme naît avec un penchant et des instincts qu'il n'arrive pas suffisamment à réprimer. Il faut équilibrer les instincts, qui sont bons, et les contrôler pour ne pas se lancer dans des aventures nuisibles, physiquement et moralement.

Le dogme dit que la Vierge était appelée à devenir la mère de Jésus, et pour cette mission exceptionnelle, Dieu a voulu qu'il n'y ait en elle aucune trace d'un penchant vers le mal, aucune trace d'instincts qui en soi ne sont pas mauvais mais qui risquent de conduire à des excès de nourriture, de boisson, de sexe et de divers plaisirs.

Ces instincts naturels, présents dans la Vierge, comme dans chacun de nous, sont équilibrés en elle avec une si grande justesse que jamais l'ombre du mal n'a pu s'y glisser.

Le Coran dit qu'au moment où la Vierge est apparue dans le monde, les anges l'ont entourée de façon que l'esprit du mal ne la touche pas.

Je cultive cette vision qui exprime de manière émouvante que la Vierge est immaculée dès sa conception.

J'aime tout particulièrement le dogme de l'Immaculée Conception.

Je sens que je dois beaucoup contrôler mes instincts.

Je suis d'un naturel très passionné, il me manque parfois l'équilibre nécessaire. Il arrive que je m'emporte plus qu'il ne faudrait.

Mon sens de l'absolu va trop loin.

C'est beau l'absolu, mais ce n'est pas la vérité de la vie, faite de relatif.

J'absolutise trop les choses.

Quand je prie Marie, je suis en relation avec une femme qui, pendant toute son existence terrestre et jusqu'à son départ pour l'éternité, a su garder la grâce d'un équilibre merveilleux.

Tout ce qui est exagéré devient un mal et nous fait perdre le contrôle dans l'excès.

La Vierge n'a pas été touchée par cela.

De ce fait, elle représente pour moi une très grande source de joie.

Je trouve en Marie une mère spirituelle.

Lorsque j'entre avec elle dans une communion de prière, elle m'apparaît comme la neige immaculée, d'une blancheur étincelante.

Sa beauté virginale réjouit mon âme.

Je remercie Dieu de pouvoir contempler la pureté et l'immaculée blancheur de Marie.

C'est une grâce bienfaisante à travers laquelle je peux approfondir le chemin de ma prière.

Si l'on adopte la religion catholique, on la prend telle qu'elle est, avec ses dogmes.

Sinon il faut choisir une autre religion.

Si l'on ne se sent pas inspiré par le dogme de l'Immaculée Conception, si l'on n'est pas porté par la prière à Marie, la Vierge immaculée, on est libre de devenir protestant.

Pourquoi pas ?

Mais pour moi qui me dis catholique, je crois aux dogmes que présente l'Église catholique.

Quels sont ces dogmes ?

Il y en a trois :

le dogme de l'Incarnation de Dieu dans notre chair humaine ;

le dogme de la Rédemption du Christ qui a voulu porter les péchés et la misère des hommes au point d'en mourir ;

et le troisième dogme qui est celui de la Résurrection.

D'autres dogmes, comme celui de l'Immaculée Conception, sont venus plus tard. Ce dernier représente un idéal de beauté et de pureté qui enchante mon âme.

Je crois à la virginité de Marie

JE CROIS À LA VIRGINITÉ DE MARIE. Je crois que sa virginité physique a pu persister après son accouchement.

Dieu est assez puissant pour permettre à une jeune fille de concevoir et de mettre au monde un enfant sans relations sexuelles avec un homme.

Le dogme dit que Jésus est né de la Vierge Marie.

C'est le Credo que je récite tous les dimanches.

Je crois que cela est vrai, que Marie est restée vierge jusqu'à sa montée au ciel.

Qu'une femme soit touchée par un homme, c'est dans le plan de Dieu qui a voulu que l'homme et la femme se rencontrent pour avoir ensemble des enfants.

Il n'y a rien d'impur dans la sexualité, mais le fait qu'une femme choisie par Dieu ait pu avoir un enfant sans homme, c'est le miracle de l'Incarnation.

Dieu a voulu que son Fils descende dans la chair humaine de manière miraculeuse.

Être mère sans s'être accouplée à un homme, cela transcende les lois de la nature.

C'est un miracle du Dieu tout-puissant.

Sans la toute-puissance, Dieu ne serait pas Dieu.

L'Incarnation est une réalité que je dirai sur-humaine, pas in-humaine.

C'est un miracle dépassant les lois naturelles. Ce qui est in-humain va contre la nature.

Dans l'Incarnation, ce n'est pas le cas. Il n'y a rien qui puisse paraître contraire au sentiment naturel d'un homme.

L'Évangile, selon moi, est la parole de Dieu.

La virginité de Marie est inscrite en toutes lettres dans l'Évangile qui est une parole inspirée par l'esprit de Dieu. Donc j'y crois.

Les exégètes ont discuté la prophétie d'Isaïe dans l'Ancien Testament qui désigne la Vierge du terme hébreu *Alma*.

Alma, c'est la jeune fille non mariée qui peut être vierge, mais peut aussi ne pas l'être.

J'accepte la traduction de la Bible par les Septante, les soixante-dix hommes que Ptolémée, alors à la tête de l'Égypte, aurait enfermés dans le phare d'Alexandrie, avec pour mission de traduire en grec la Bible hébraïque.

D'après la légende, les soixante-dix érudits auraient séparément produit la même traduction. Je ne crois pas beaucoup aux légendes, toujours est-il que, dans le texte grec, le mot hébreu *Alma* est traduit par le mot *Parthenos* ou « Vierge ».

Dans la Grèce antique, la déesse Athéna, par exemple, était la Parthénie, un terme classique pour désigner la jeune fille qui n'a pas connu d'homme.

Au IIe siècle avant Jésus-Christ, quand les Septante ont traduit la Bible, ils n'ont pas pensé à la suite de l'histoire, et notamment à la naissance de Jésus. Plus tard, les Juifs n'ont pas accepté la traduction des Septante parce que saint Matthieu a repris le texte d'Isaïe avec le mot grec de *Parthenos* ou « Vierge ».

Les quatre Évangélistes qui nous ont transmis la Bonne Nouvelle avaient en eux l'esprit de Dieu. Cela leur a permis de ne pas écrire des choses contraires à la vérité.

Il est dit en toutes lettres dans l'Évangile que, comme l'avait déjà prophétisé Isaïe, une vierge allait enfanter.

Dans son Évangile, saint Matthieu rapporte qu'un ange s'est présenté pour dire à la Vierge :

« Tu vas devenir mère.

— Comment deviendrais-je mère, puisque je ne connais pas d'homme ? » a répondu la fiancée de Joseph.

En Égypte, où les pères sont tout-puissants et règlent les destinées de leurs enfants, j'ai rencontré une femme étonnante dont l'histoire m'a donné souvent l'occasion de méditer.

Elle avait décidé très jeune de se consacrer totalement aux pauvres, mais le mariage et la vie de famille ne lui auraient pas permis de disposer de tout son temps comme elle le souhaitait. Lorsqu'elle a rencontré le jeune homme que son père lui proposait comme époux, elle a donc très ouvertement évoqué avec lui la possibilité d'un mariage blanc, dont il a accepté le principe. Il a ensuite respecté son engagement et j'ai personnellement connu cette femme très épanouie ainsi que son mari, heureux avec elle.

Ils avaient l'air d'un couple, mais ils vivaient en fait comme frère et sœur.

Son mari avait accepté la situation qu'elle lui avait imposée.

Il est mort avant elle et sa dernière parole a été :

« Tu m'as rendu l'homme le plus heureux du monde ! »

La virginité de Marie n'est donc pas une situation in-humaine, même si cette forme de chasteté paraît dépasser les forces humaines.

Cela semble extraordinaire à nos yeux, mais pour Dieu il n'y a là rien d'anormal.

Notre esprit est étroit, très limité.

Nous constatons que les femmes enfantent parce qu'elles ont une vie de couple avec un homme. Nous sommes petits, nous ne comprenons que ce que nous voyons. Tout ce qui dépasse les limites de ce que nous voyons, de ce que nous entendons, de ce que nous touchons, tout cela nous l'excluons, en pensant que c'est impossible. Mais bien des choses existent sans que nous soyons en mesure d'en rendre compte par une explication rationnelle.

L'empreinte de l'invisible

L'ART DE FRA ANGELICO s'inscrit dans la pratique ancienne des artistes d'icônes.

Ces artistes devaient se mettre d'abord eux-mêmes en prière avant de peindre. Car l'icône représente l'empreinte de l'invisible contemplé à travers des formes et des couleurs visibles.

Les deux icônes que je préfère sont celles de la Sainte Trinité et de la Vierge à l'Enfant.

Roublev, l'artiste russe qui a réalisé l'œuvre de la Trinité, avait cultivé un état contemplatif si profond qu'il pouvait accueillir en lui l'esprit de Dieu et ainsi dépasser le visible.

Il peignait, animé du souffle de l'invisible.

Fra Angelico, le peintre de l'Annonciation, était un moine qui vivait de Dieu.

Son art est une prière de louange et d'adoration à la gloire de Dieu.

Sur sa pierre tombale, il a demandé que l'on grave ces paroles qui résument son œuvre comme sa vie, car l'une et l'autre étaient indissociablement liées :

> « Tous mes gains, au Christ je les ai donnés.
>
> Certes une partie de mon œuvre se trouve sur la terre, mais une autre est dans le ciel. »

Un incroyant, devant les toiles de Fra Angelico, pourrait recevoir un appel, une inspiration.

C'est possible, je peux l'imaginer.

Mais ce n'est pas non plus certain.

L'incroyant est poursuivi par une insatisfaction foncière.

J'ai rencontré bien des personnes qui m'ont fait part de leur souffrance devant l'absurdité de la condition humaine.

Elles ne supportent pas l'idée que l'homme soit seulement de passage sur terre et disparaisse.

Nous avons tous en nous un désir très fort d'immortalité, en grande partie irrationnel.

Quand nous pensons que, dans le fond, nous ne sommes guère plus que des animaux, quand nous réalisons qu'une fois morts et enterrés, il ne restera plus de nous que quelques ossements, nous sommes pris de désespoir.

Rien ne parvient plus à nous satisfaire.

Il nous devient impossible de combler notre âme – comme si notre âme était évidée, souffrant d'une souffrance qui la creuse de l'intérieur.

Le manque est vertigineux.

C'est une sensation à la fois insondable et insoutenable.

Certains incroyants, qui ressentent cela avec force, auront peut-être un choc en contemplant une toile de Fra Angelico.

Devant la représentation de l'invisible mis en scène par l'artiste, ils se sentiront appelés par le monde spirituel. Il est même possible qu'ils s'en rapprochent.

Des beaux corps aux belles sciences puis aux belles âmes, il y a différentes étapes à passer. Le point de départ est la beauté matérielle.

On retrouve aussi, dans cette progression, les trois ordres de Pascal.

Le premier ordre est celui de la matière qui est aussi celui du corps. Or la matière est belle, elle est « puissante », nous dit Pascal.

Il ne s'agit ni de la renier, ni de la mépriser.

Le deuxième ordre est celui de l'esprit, car l'être humain est aussi esprit. L'intelligence est une faculté prodigieuse de compréhension et de raisonnement. Son aptitude à percer les lois de la nature permet ensuite des applications technologiques dont on voit tous les jours le développement sans fin.

Pour accomplir notre humanité, nous devons aboutir au troisième ordre. C'est l'ordre de Dieu et de la charité qui s'exprime dans un amour désintéressé pour nos frères et sœurs en humanité.

Sans le troisième ordre, c'est-à-dire sans l'amour, l'être humain est privé d'une dimension essentielle. Selon Pascal, en effet, « toute la matière ensemble ne fait pas une seule pensée ».

Il admire la grandeur du premier ordre de la matière et du deuxième de l'intelligence. Mais « toutes les pensées ensemble ne font pas un seul acte d'amour gratuit ».

Un verre d'eau que l'on sert à un malade avec un sourire d'amour, cet acte tout simple dépasse les découvertes des plus grands savants. Ce n'est pas pour autant que l'on serait justifié à prétendre que les découvertes ne valent rien. Non, elles ont une très belle valeur mais, comparées à un seul acte d'amour, elles sont dérisoires.

Parce que l'on aime un des trois ordres, il ne faut pas non plus mépriser les deux autres. Ce sont des niveaux.

Dans une échelle, tous les échelons sont nécessaires pour monter. Ce serait une erreur de rejeter les échelons inférieurs. Ils ont leur utilité et une valeur.

Jésus nous conduit à l'invisible

QUAND J'ÉTAIS ENFANT, pour moi Dieu était Jésus et Jésus était Dieu.

J'ai compris plus tard, en approfondissant ma foi, que Jésus est venu sur terre pour nous conduire vers l'invisible.
L'invisible est Dieu, son père.

Dans les Évangiles, surtout celui de Jean, le plus spiritualisé des quatre, Jésus s'adresse à Dieu en répétant cette formule : « Mon père, qui est dans les cieux ! »
Ces mots sont, selon moi, remplis d'un sens si profond que je n'ai cessé de l'approfondir ma vie durant.

J'entends dans cet appel de Jésus au Père céleste, notre Père à tous, un message précis.

À travers Jésus qui s'est fait chair, à travers le corps, l'enveloppe charnelle de Jésus, on doit apprendre à contempler Dieu.

Dans la personne de Jésus, le divin s'est fait « embrassable, touchable, visible » – ce sont les mots de saint Augustin que j'aime dire en latin : *ausculabile, tangibile, visibile*.

Par Jésus nous montons ainsi doucement vers le Père.

Évidemment, quand j'étais plus jeune, j'avais plus besoin des images de Jésus et je m'y arrêtais.

Je ne parvenais pas à monter jusqu'au Père invisible.

À mesure que les années passent, l'âme se spiritualise de plus en plus. Maintenant, ma prière traverse pour ainsi dire l'âme de Jésus pour aller vers le Dieu que l'on ne voit pas avec les yeux de la chair.

Je ne m'intéresse plus beaucoup au visible.

Le visible m'a fascinée, mais j'ai pu éprouver à quel point il est éphémère.

La formule célèbre du philosophe grec Héraclite, *Pantha rei*, « Tout coule, Tout passe », en rend bien compte.

Le même penseur dit aussi avec justesse :

« On ne se baigne jamais deux fois dans le même fleuve. »

C'est vrai, car à peine est-on entré dans le fleuve que, déjà, ce n'est plus la même eau.

Cette image nous dit que toute chose passe.

Elle passe et disparaît.

Cela ne m'intéresse pas.

Il a quand même fallu que j'arrive à trente ou quarante ans pour commencer à me décoller peu à peu du sensible.

Auparavant, je dépassais moins le visible. Avec les années, il se produit une sorte d'épuration. J'ai laissé tomber beaucoup de choses passagères.

L'image est éphémère et transitoire.

L'image n'existe pas pour l'image.

Quand Fra Angelico met en scène la vie du Christ, ce n'est pas simplement pour que l'on s'arrête à la beauté des couleurs et des formes de la Vierge, de Jésus ou des anges.

Je suis convaincue qu'il nous donne à voir ses toiles pour nous inviter à dépasser l'apparence de ce qu'il représente. L'artiste nous engage à percevoir un au-delà du regard, qui est l'amour de Dieu descendant sur terre.

La prière nous porte plus loin que la manifestation extérieure du monde qui nous entoure.

Par la prière, nous entrons dans un état de non-désir, de non-insatisfaction. Nous sommes dans une paix totale.

Ainsi nous est-il donné de monter l'échelle de Jacob.

Dans un songe, Jacob a eu la vision d'une échelle dont les pieds reposaient sur terre et les derniers échelons au ciel.

Des anges ne cessaient de monter et descendre les barreaux de l'échelle céleste.

Cela signifie que nous devons partir de la terre, car nous sommes terrestres, et, tout en gardant les pieds sur terre, notre cœur peut s'élever vers le ciel.

Quand j'étais plus jeune, j'avais besoin de me sentir très ancrée sur terre, de m'appuyer sur tout ce qui est éphémère, mais qui existe matériellement, physiquement.

Aujourd'hui, je me sens plus près du haut de l'échelle.

Je m'approche du rayon de lumière qui monte au ciel.

Je suis au sommet, presque dans la lumière parce que j'entre dans ma centième année.

Mon cœur aujourd'hui se satisfait du non-visible.

Parce que l'invisible me rapproche de la paternité amoureuse de Dieu pour l'humanité.

Dieu est sans visage

LES ARTISTES ont représenté la Vierge avec des images.

Les artistes ont représenté Jésus avec des images.

Mais Dieu n'a pas d'image.

La pensée de Dieu est sans image.

C'est le Fils, Dieu né de Dieu, lumière née de la lumière, qui s'est incarné dans les limites du corps humain de Marie.

Dieu est le sans-limites de l'immensité.

Je ne me le représente pas.

La relation avec lui est comme celle d'un enfant avec un père tout-puissant et infini.

Dieu veut bien m'aimer.

Je suis son enfant.

Nous sommes des enfants adoptifs de Dieu.

Dieu n'a pas de visage.

Il ne correspond pas à une émotion, ni non plus à un sentiment.

Je refuse l'émotion et l'exaltation sentimentale qui risquent de ne pas être vraies.

Si je crois sentir Dieu, je sens seulement mon imagination, et ce n'est pas bon.

Je ne veux pas d'une manifestation de Dieu qui serait une illusion.

Je préfère être dans la non-illumination, la non-exaltation pour rester dans la vérité de mon être.

Je veux être une simple femme, dans ma faiblesse, ma vieillesse et ma pauvreté, en relation d'amour avec Dieu qui est notre Père à tous.

Dieu est l'infini.

Le Christ dit toujours « Notre Père des cieux ».

J'aime regarder le ciel, de jour comme de nuit.

Le ciel ne finit pas et l'horizon recule au fur et à mesure que nous avançons.

Cet infini du ciel, fuyant devant mes yeux, me rapproche de la pensée de Dieu.

Les images du monde et les tableaux des peintres m'aident à entrer dans la prière.

Ensuite je dois aller plus loin que leurs tableaux, dans l'espace de la foi nue, dégagée.

Dieu n'a pas de figure.

Il est.

Il se manifeste comme présence non sensible à mon esprit vide et uni à l'esprit de Dieu.

Saint Paul a dit une phrase que je me répète très souvent quand je prie : « Nous ne savons pas prier, mais l'esprit de Dieu en personne s'unit à notre esprit pour crier vers Dieu : "Abba, Père." »

Dans le silence, dans le vide, c'est difficile à expliquer, j'appelle et reçois Dieu.

Recevoir Dieu, c'est la fameuse phrase des Psaumes que saint Augustin aimait tant : « L'abîme appelle l'abîme. »

L'abîme, c'est l'homme, sa pauvreté, son vide, son néant.

Cet abîme du rien appelle l'abîme du tout.

L'homme crie vers Dieu, son infinitude, sa plénitude, sa bonté immense, sa paternité.

C'est un appel silencieux, un cri intérieur.

Cela se passe dans une relation de silence.

Ce n'est pas vide, au sens de creux.

Au contraire, il y a une sensation de plénitude.

Je me sens remplie, mais remplie de vide.

Je comprends que je ne suis rien et, en même temps, j'ai la présence d'amour de Dieu qui est tout.

Je suis sûre que cette présence me comble et m'aide à vivre d'amour.

Amour de Dieu, amour des hommes, c'est tout un.

La présence de Dieu se manifeste dans la paix et une sérénité très grande.

La présence de Dieu rend l'âme comblée.

Je ne désire rien dans la prière, puisque Dieu est.

Il est l'infini, l'amour, la grandeur.

Que puis-je désirer de plus ?

Ce qui me fait désirer quelque chose, ce sont mes frères humains dans la détresse.

La détresse est tragique pour tous ceux qui n'ont pas trouvé la plénitude en Dieu.

Je demande au Seigneur de les envelopper de son amour, qu'il leur donne la force de lutter, de porter leur vie chaque jour.

Dieu ne peut supprimer nos souffrances, mais il nous aide à marcher.

Cela se passe dans des profondeurs qui sont hors du sensible.

L'invisible n'apparaît pas, il est

L'INVISIBLE ME CONDUIT À L'ÊTRE.
L'invisible est l'essence, le cœur.
L'invisible n'apparaît pas, il est.

Je ressens la présence de l'invisible comme une très grande joie.
Quand je prie, je me dis simplement :
« Dieu est. »
Cela suffit.
Parfois ma prière tient en ces deux mots.

« Dieu est. »
Plus rien à dire.
Plus rien à faire.

Dieu est tout mon amour.
Il est.
Le verbe *être* prend alors une force incroyable.
La métaphysique nous dit que l'être seul compte. Le non-être n'existe pas.

Seule l'idée pure de l'être suffit.

« Dieu est. »

Mon esprit est tellement satisfait, mon âme tellement nourrie de cette prière, « Dieu est », que mon cœur n'a plus rien à désirer.

Mon corps est en paix.

Mon petit être à moi est entièrement plongé dans l'océan de l'amour divin.

Quand on n'a rien de la terre, on a tout du ciel

FRANÇOIS D'ASSISE est mort dans une cabane.

Son ermitage était si modeste qu'il fallait se plier en deux pour y entrer.

Il est mort sans rien posséder.

Quand on n'a rien de la terre, on a tout du ciel.

François était le grand pauvre qu'on a appelé aussi le petit pauvre de Jésus.

Il a été l'homme le plus joyeux du monde.

Moins on est attaché aux choses de ce monde, plus le cœur est léger.

François n'avait pas d'enfant, donc pas besoin de s'attacher aux biens matériels.

Sur terre, il faut bien que les parents gagnent de l'argent pour aider leurs enfants à grandir. Ils doivent être forcément attachés aux choses de ce monde.

Lui, François, a eu cette chance extraordinaire de traverser la vie en ne pensant qu'à Dieu et aux autres.

Il allait partout donner de la joie à ses frères et sœurs.

Je me suis posé la question : « Que donnait François aux autres, puisque lui-même n'avait rien ? »

On a l'exemple de personnes richissimes qui créent des fondations, ouvrent des hôpitaux, des cliniques, des écoles.

Que peut offrir un pauvre ?

Il arrive forcément les mains vides.

Et si l'on pouvait offrir aussi sa pauvreté ?

Le dénuement matériel permet parfois de creuser les richesses incroyables du cœur.

Un cœur de pauvre peut être si riche qu'il débordera d'une richesse spirituelle de valeur incomparable.

Le pauvre d'Assise pouvait donner ce que l'argent ne procure pas. Quand des femmes ou des hommes étaient dans la détresse, il trouvait pour eux les paroles d'un vrai réconfort.

Il les consolait.

L'argent ne nous console pas.

Lorsque notre cœur est blessé, nous avons besoin de la tendresse qui se donne dans un cœur à cœur.

François savait offrir la tendresse.

Les animaux l'approchaient.

On dit même que les oiseaux aimaient le frôler.

Sa présence était remplie de l'esprit de Dieu.

Elle était une consolation pour tous les êtres vivants, humains ou non.

Le pauvre d'Assise donnait ce que les plus riches ne possèdent pas forcément, la joie de l'union à Dieu.

Il offrait la part de ciel qui vivait dans son âme.

Comme il n'avait rien, il ne risquait pas de donner quelque chose de matériel.

On l'oublie trop souvent – on peut donner non seulement ce que l'on a, mais aussi ce que l'on est.

Quand je suis arrivée au bidonville, je n'avais rien à donner.

J'étais sans le sou. Les médias ne me connaissaient pas et ne s'intéressaient pas à moi. Je n'avais pas d'argent à distribuer.

Je n'étais ni médecin, ni infirmière.

Je parlais mal l'arabe et j'avais déjà soixante-deux ans.

J'ai appris moi aussi la richesse de la pauvreté.

J'ai compris que, faute de pouvoir donner ce que j'avais, je pouvais donner ce que j'étais. Donner le meilleur de moi-même tel qu'il s'exprimait dans la prière, dans la relation à Dieu.

Il y a une profondeur incroyable dans un tel don de soi.

Quand on croit qu'on n'a rien à donner, on se trompe.

On peut encore donner ce que l'on est.

La ronde des élus se termine dans le ciel

FRA ANGELICO est à mes yeux l'artiste qui a le mieux représenté le ciel.

J'aime beaucoup l'au-delà de la mort peint par Fra Angelico dans *La ronde des élus*.

Un moine et un homme dansent dans une prairie émaillée de fleurs. Certains sont déjà en train de partir, la ronde se termine dans le ciel.

Pour moi, vivre c'est, comme ces personnages, danser en chantant à travers les événements de la vie.

Danser jusqu'au ciel.

J'ai toujours envie de danser.

Je me sens légère sur la route.

Maintenant c'est plus difficile et, avec les années, je n'arrive plus à marcher. Mais je réalise que le poids de mon corps ne me retient pas. J'ai toujours la même sensation de légèreté.

Dans mon cœur je continue de danser en direction du ciel.

Je me sens légère parce que le Christ est en moi.

Je suis en Lui.

Nous vivons dans l'amour.

J'essaie, autour de moi, autant que possible, de donner un peu de joie.

La joie rend léger.

La joie donne envie de danser.

Quand on a trop de soucis dans le cœur, le cœur est lourd.

On doit en passer aussi par là. C'est évident. Mais il faut savoir se détacher de ce qui est trop pesant et qui nous entraîne vers le désespoir.

Je veux toujours semer de la joie autour de moi, offrir à l'autre ce qui ne meurt pas, l'aider à s'épanouir dans le laps de temps si court de nos vies.

Tout passe et le plaisir ne dure pas.

Nous avons besoin d'entrer dans une dimension supérieure qui s'unit à la dimension charnelle.

Il faut relier le corps et l'âme.

Les satisfactions matérielles seules ne peuvent pas nous rendre heureux. La relation spirituelle avec Dieu ne suffit pas.

J'ai besoin de manger, dormir, marcher, recevoir des sourires, des marques de tendresse.

Je dis en riant que j'ai besoin qu'on m'embrasse, ce que je ressentais beaucoup moins quand j'étais plus jeune. Dans la vieillesse, les signes d'affection me font du bien. J'aime que, de temps en temps, on m'embrasse sur les deux joues.

C'est bon. C'est humain. C'est vrai.

L'être humain n'est pas fait pour le malheur.

Dans les moments difficiles, j'aime me rappeler le visage penché de Jésus crucifié.

Il regarde le bandit mis en croix à ses côtés.

Et le bandit regarde Jésus.

Le Christ lui dit avec un sourire de bonté : « Aujourd'hui tu seras avec moi dans le ciel et tes péchés te seront pardonnés. »

Je crois que Jésus est venu pour que tous les hommes soient heureux, déjà sur cette terre ou, plus tard, dans le ciel.

Dans la lumière du ciel, je prierai toujours pour les autres

L'HUMANITÉ AVANCE.
L'univers est pareil à une pyramide et l'homme ne cesse de s'élever.

À travers les événements les plus tragiques, je crois que l'humanité progresse.

Dans les époques qui ont précédé l'ère chrétienne, lors des guerres, quand l'homme tuait, c'était un triomphe. Sur une stèle, à Babylone, un général d'armée se vante d'avoir tué des milliers d'ennemis, et d'avoir crevé les yeux d'un plus grand nombre encore.

Aujourd'hui, qui aurait l'idée d'élever pareille stèle ?

Le monde entier serait révolté.

L'humanité avance en passant par des cataclysmes épouvantables. Pourtant, à mon sens, le bien dépasse le mal. Notre compréhension de ces événements est déformée, comme je l'ai souvent dénoncé, par la présentation de l'actualité dans les médias. La presse montre le mal. Comme ont coutume de le dire les journalistes, le public ne s'intéresse qu'aux trains qui déraillent, pas à ceux qui arrivent à l'heure.

Plus profondément, dans une vision pessimiste dont on trouve l'écho dans la Bible, certains pensent que l'esprit du monde appartient au mal. Cela ne me paraît pas juste.

Malheureusement, on se représente les choses comme si le monde était surtout mauvais. Le monde contient et le bien et le mal. De même chacun porte en soi du bien et aussi du mal.

C'est la fameuse méditation de Pascal sur la misère et la grandeur humaines.

L'esprit du monde peut vouloir dire la recherche de l'argent et des plaisirs égoïstes, mais l'esprit du monde en soi n'est pas mauvais.

J'ai vu la guerre. J'ai vu la famine. Partout, dans ces circonstances tragiques, j'ai vu aussi des hommes et des femmes extraordinaires qui donnaient leur vie.

Ce n'était pas une question de religion. Cet héroïsme venait directement du cœur. Non, le monde n'est pas méchant. Il y a du bon et il y a du mauvais. Certains laissent se développer davantage l'amour et le partage. D'autres pensent d'abord à eux, et à eux seuls. Pour réussir à tout prix, ils n'hésitent pas à écraser les autres, à mentir, voler ou trahir. C'est le monde de la corruption.

Si l'on se souvient des trois tentations du Christ dans le désert, on se rappelle que l'esprit du mal a averti le Christ en lui disant que le monde, au sens de la richesse et du pouvoir, lui appartenait. « Si tu veux m'adorer, je te donnerai tous les royaumes de la terre », propose au Christ l'esprit du mal. Satan avait compris que le Christ possédait une puissance d'intelligence et une force hors du commun. Le Christ pouvait devenir un second César ou un second Alexandre. Il serait même capable de les dépasser en manifestant un charisme sans pareil dans l'histoire humaine.

Mais le Christ était venu pour sauver le monde, pas pour le dominer.

« *Vade retro, Satanas* », a-t-il répondu.

Il a refusé les services de l'esprit du mal pour être le frère de ceux qui souffrent. Il a voulu nous aider à vivre, à porter notre peine en la partageant.

Je vois la lumière dans le monde.

Plutôt que de me lamenter parce que tout va mal et de m'en affliger, je prends le parti de m'arrêter sur cette lumière.

Je la regarde quand elle illumine le visage des gens et leur cœur.

Trop de personnes sont plongées dans la détresse et ne lèvent pas les yeux vers la lumière.

Je veux rester collée à une humanité qui souffre.

Je ne peux pas me contenter de jouir sur terre de la lumière divine, alors que mes frères et sœurs ne l'ont pas.

Il y a trop de souffrance dans ce monde.

Je n'accepte pas d'être une privilégiée.

Je ne m'en donne pas le droit.

J'ai le Christ comme modèle.

Il n'est pas venu sur terre pour vivre de lumière et de beauté.

Il n'avait d'ailleurs pas besoin de descendre sur terre pour cela.

Il était déjà dans la lumière.

Saint Paul a des paroles très fortes à ce sujet.

Il dit que le Christ était « dans la Forme » de l'être de Dieu et qu'il est entré « dans la forme d'esclave » qui caractérise l'être humain.

Au temps de saint Paul, l'esclave avait droit à trois choses : le bâton, le pain et la croix. Tout esclave, son maître pouvait le mettre en croix. Dans les grandes propriétés de l'Antiquité, les maîtres réservaient une partie de leur domaine à des prisons où des bourreaux suppliciaient les esclaves rebelles.

Je me rappelle une pièce de Térence où un esclave entre en scène, criant à tue-tête :

« Moi aussi, je vais être crucifié !

Mon grand-père l'a été, mon père l'a été, moi aussi je vais l'être ! »

Jésus a voulu tomber dans la douleur d'un tel monde.

Il est mon modèle.

Je n'ai pas le droit de profiter d'une vie luxueuse, en me procurant tous les plaisirs de la vie !

Nous sommes quelques personnes dans le monde à refuser cela.

Que chacun suive sa vocation !

Aujourd'hui, on m'engage à me reposer.

Me reposer de quoi ?

J'ai le souhait d'écrire le plus de livres que je peux pour transmettre la lumière de mon cœur.

Je n'ai pas le droit de me reposer, alors que je peux encore faire entendre un message d'amour et de joie.

Si le Seigneur me donnait le choix d'entrer au paradis ou de revenir sur terre, je reviendrais sur terre.

Je retournerais chez les chiffonniers du Caire, là où j'ai été le plus heureuse en vivant vingt-deux années de justice avec sœur Sara[1], ma compagne du bidonville qui est la transparence même.

Je voudrais que mes frères et sœurs en humanité soient plus heureux. Je travaillerai à cela jusqu'à mon dernier souffle.

Des gens me disent qu'après m'avoir lue ils se sont sentis apaisés, plus contents de vivre.

Dieu me fait un grand cadeau en me permettant d'avoir cent ans. Je l'en remercie et m'efforce d'être encore une

1. Sœur Sara, religieuse copte égyptienne, titulaire d'un mastère de gestion et infirmière diplômée, a rejoint sœur Emmanuelle en 1976 et, assistée de l'Opération Orange, elle poursuit son œuvre au Caire.

source de bonheur pour les autres, autant que mes forces déclinantes le permettent.

Comme disait le curé d'Ars : « Au ciel nous serons des rentiers. »

Mais je crois que, même dans la lumière du ciel, je prierai toujours pour mes frères et sœurs.

3

La source d'éternité

« L'éternité vient dans le temps,
l'immensité dans la mesure,
Dieu dans l'homme,
l'invisible dans le visible. »

Saint Bernardin de Sienne

En Dieu, j'ai trouvé un cœur maternel d'une fécondité inépuisable

LA BONTÉ INÉPUISABLE de Dieu, je me la représente comme la bonté d'un cœur de mère.

En Dieu notre père, j'aime méditer cette autre qualité plus maternelle de l'amour s'exprimant dans la tendresse délicate de la femme pour son enfant.

Qui a fait naître dans le cœur de la femme le sentiment maternel ?

C'est Dieu qui l'a inspiré.

Dieu est la source de l'amour maternel.

C'est en ce sens que j'aime tant Dieu au féminin, créateur de tout ce qui est maternel chez la femme.

Dieu au féminin a la fécondité du Dieu de toute éternité.

Dans le Credo, nous le prions avec ces mots :

« Dieu né de Dieu, lumière née de la lumière, vrai Dieu né du vrai Dieu. »

Quelle fécondité plus grande ?

C'est un mystère tel qu'avec notre pauvre petit esprit limité nous avons bien du mal à le comprendre.

Il y a en Dieu une filiation extraordinaire.

Nous disons de Jésus qu'il est le Fils de Dieu.

Car Dieu n'est pas solitaire.

Il est l'Un en trois personnes.

Dans le mystère de la Sainte Trinité, Dieu est le père de toute éternité, et il est aussi l'Esprit, Lumière de lumière, qui est l'amour entre le Père et le Fils.

Ce sont des mots.

On ose à peine prononcer de tels mots.

Nous les entendons parfois d'une manière tellement matérielle que cela n'a plus rien à voir avec Dieu.

J'adore la Trinité en Dieu.

C'est la très grande source de vie et d'amour qui a enchanté ces longues années où j'ai partagé une immortalité d'amour avec mes frères et sœurs en humanité. Mais je sais que je découvrirai parfaitement cette source lumineuse, au moment ultime seulement, quand, dans la joie, j'abandonnerai l'enveloppe de mon corps.

Dans la chair, nous sommes unis à Dieu, comme l'est Jésus, le Verbe incarné.

Dans l'Évangile de Jean, Jésus déclare : « Le Père et moi, nous sommes un. »

Le Christ fait partie de la Trinité.

Dans son corps d'homme, il vit l'histoire d'un homme, notre histoire.

Le mystère profond de l'Incarnation de Dieu, la Vierge l'a vécu de tout son corps, de toute son âme.

Comment a-t-elle trouvé la force de ne jamais douter ?

La force de croire la parole incroyable de l'ange messager qui vient lui annoncer qu'elle sera la mère du Dieu vivant ?

La force de croire que son fils crucifié est ressuscité ?

L'Esprit, qui est la troisième personne de la Sainte Trinité, lui communique son souffle.

Dans la lumière de l'Esprit, Marie accepte sereinement que la volonté de Dieu soit faite.

L'enfant qu'elle va mettre au monde sera le fils de Dieu.

Sa vie appartiendra à Dieu.

Sa vie s'accomplira selon le dessein incompréhensible de Dieu.

Lorsque le Christ est mis en croix, la foi de la Vierge est trempée dans une douleur qui la déchire.

L'Esprit enveloppe Marie.

Il réconforte son cœur qui a mal, en le fondant dans le cœur du Seigneur comme dans un soleil – le soleil de la confiance absolue en Dieu.

Marie n'a pas peur.

Elle sait que Dieu donnera à Jésus le royaume qui reste invisible aux yeux de chair. Elle accepte de ne pas avoir mis Jésus au monde pour qu'il conquière un trône et qu'il devienne le souverain éphémère d'une puissance terrestre.

Elle a donné la vie à Jésus afin qu'il partage notre vie et notre mort humaines.

Au pied de la croix, la Vierge ne se lamente pas.

Elle ne se plaint pas.

Elle trouve la force d'âme de croire encore que c'est le corps du Fils de Dieu qui agonise.

Elle ne comprend pas mais elle sait.

Quand les gardes romains lui remettent le cadavre de son fils dans les bras, elle sait avec certitude que Jésus va ressusciter.

Tous les artistes qui l'ont représentée montrent sa foi, intacte sous le masque de la douleur.

Son visage n'est pas désespéré.

Son regard, levé vers le ciel, exprime la pureté de sa confiance en l'amour infini et la bonté de Dieu.

La *Mater dolorosa* nous enseigne que dans la nuit de la douleur brille encore l'espérance du bonheur.

Dieu au féminin,
nous avons besoin d'un Dieu de tendresse

LA VIERGE EST UNE FEMME.
Ce n'est pas une déesse, c'est une simple femme et une mère.

Nous avons besoin d'une divinité qui nous enveloppe de tendresse et d'amour. La Vierge n'est pas divine. Elle est, je le répète, une simple femme.

Le catholicisme lui donne un rôle très grand dans l'Incarnation.

Dieu, pour se faire homme, pour partager dans son propre corps tout ce que l'être humain peut ressentir de joie, de souffrance, de peine et même de mort, a choisi une femme qui a eu, dans le monde, un rôle de premier plan.

Dans la chair de Marie, l'humanité tout entière a participé à l'Incarnation de Dieu.

Dieu au féminin correspond à la part la plus attachante, la plus directe, la plus intime et la plus vraie dans la relation que je partage avec mon Dieu.

Dieu au féminin représente l'essence même de ma vie.

Le lien avec Dieu est un lien d'amour.

La crainte n'y a pas sa place.

Dieu se penche vers chacun d'entre nous.

Il fait d'ailleurs plus que se pencher vers nous, il a voulu entrer dans le drame de notre vie terrestre.

Quand je dis « Dieu au féminin », je désigne ce qu'il y a de plus profond, de plus vital dans nos cœurs.

Quels sont la femme, l'enfant, l'homme, le vieillard qui n'ont pas un besoin extraordinaire d'aimer et d'être aimés ?

J'ai rencontré certaines personnes qui prétendaient pouvoir vivre sans amour. Mais à un moment donné, une faille s'est introduite dans la carapace de leur indifférence. Je l'ai remarqué souvent, les circonstances ont fait éclater la gangue qui entourait leur cœur. Il suffit d'un rien. Selon la parole de Shabistari, si l'on fend le cœur de l'homme, on y trouve un soleil.

Ce soleil qui brille dans le cœur humain, c'est le soleil de Dieu, le soleil de « Dieu au féminin ».

Nous avons besoin de cette vision de Dieu qui comble notre désir d'aimer et d'être aimé.

« Dieu au féminin » exprime l'essence de la tendresse de Dieu.

« Dieu au féminin » représente l'essence de la douceur de Dieu.

« Dieu au féminin » nous aime comme une mère aime son enfant.

Dans la liturgie, nous avons coutume de dire « Dieu père » parce que le mot même de Dieu, hérité de l'Antiquité, est masculin. L'autorité était exercée par des hommes dans les pays de culture méditerranéenne qui ont vu naître le christianisme. Les Pères de l'Église sont tous passés par Athènes où ils ont reçu la formation des grands philosophes grecs, parfois misogynes.

Les qualités de l'amour maternel de Dieu sont concentrées dans la figure féminine de Marie.

Marie est la mère de l'humanité.

Elle devient la mère de Jésus afin de devenir notre mère à tous.

Dieu choisit une personne pour accomplir une mission ou une activité qui doivent être bénéfiques au plus grand nombre. La virginité et la maternité de la Vierge ont eu un seul but, lui permettre de recevoir de son fils crucifié la grâce de devenir la mère de l'humanité.

« Voilà ton fils », dit Jésus à Marie au moment de mourir. Et il désigne Jean, son disciple le plus proche.

Cette parole ultime avait une portée planétaire.

Ce n'est pas uniquement Jean qui était désigné par le Christ agonisant, mais l'humanité.

Jésus mourait.

Il savait qu'il allait ressusciter et disparaître de la vie terrestre.

Marie resterait veuve et misérable.

Comme tout fils qui aime sa mère, au moment de la quitter, il la confie à un proche, c'est très naturel.

Pour l'interprétation symbolique de ce geste, tous les saints, les Pères de l'Église et les exégètes qui ont médité sur l'Évangile sont unanimes.

Selon eux, Jésus est venu partager avec nous les souffrances, les peines et les joies d'une vie humaine. En partant, il a voulu confier spirituellement à sa mère ses frères et sœurs humains.

Je crois que le Christ était Dieu.

Il avait donc une vision élargie de l'humanité. Il ne se contentait pas seulement de voir les hommes rassemblés près de lui, au pied de la Croix – ceux qui se moquaient du roi du monde rabaissé, flagellé, supplicié, les pharisiens et les gardes romains, Marie et les disciples.

Le Christ mourant contemplait l'humanité de son temps et des temps à venir.

Il a confié l'humanité de toute éternité à sa mère.

Il ne s'agit pas d'un dogme, mais d'une lecture de l'histoire sainte.

Je le crois, la Vierge n'est pas seulement la mère de Jésus et de Jean.

Elle n'est pas seulement ma propre mère.

La Vierge est aussi la mère de toute la famille humaine.

Je prie la Vierge en contemplant doucement la maternité spirituelle de Marie.

J'unis ma prière à la sienne.

Je fonds mon esprit dans sa lumière.

Je joins mon cœur au sien.

C'est un cœur à cœur ininterrompu.

Avec Marie, je me sens en relation avec ceux qui souffrent.

Je ne dirais pas que je me sens responsable de ceux qui souffrent, ce serait trop fort. Mais je suis reliée profondément à mes frères et sœurs en humanité.

Je ressens la détresse des autres, elle me fait mal.

J'ai vu trop de familles dans des situations inextricables.

Je partage la douleur de ceux qui sont dans la peine.

Ils me sont proches.

Ils me sont chers et familiers.

Nous sommes unis dans une intimité particulière, qui est celle de la prière.

La maternité de Marie rayonne tout spécialement pour eux.

La Vierge prend chacun d'entre nous dans la grâce de son amour.

Elle berce notre souffrance dans la douceur de sa prière.

La virginité dans ma vie religieuse, une source de joie et de bonheur

JE CROIS EN LA VOCATION de chacun de nous.

Nous sommes attirés par une voie qui nous correspond.

Créer les conditions du bonheur consiste à savoir ce qui nous porte vers telle situation de la vie. C'est ainsi que notre être va s'épanouir.

J'ai senti un appel pour un don total de moi à Dieu et surtout aux enfants. J'ai voulu pouvoir me donner à des milliers d'enfants malheureux.

La virginité m'a permis d'épanouir mon cœur aux dimensions du monde.

De mon temps, pour réaliser un tel but, il existait seulement la possibilité de la vie religieuse. Aujourd'hui, la situation des femmes a évolué.

La virginité a été pour moi une aide très précieuse.

J'ai un tempérament très ardent, je me serais passionnée pour un homme. Comme j'aime beaucoup jouir de la vie, je ne suis pas sûre que j'aurais su être fidèle. Je ne pense pas que j'aurais été heureuse mais le fait de me donner un absolu total a été pour moi une source de joie et de bonheur extraordinaires.

Si j'avais voulu goûter tous les plaisirs, comme il me manque un équilibre du désir, j'aurais beaucoup perdu.

Mon appétit de vivre se serait retourné en souffrances inextricables.

Je vois des femmes qui sont la femme que j'aurais pu être. Des femmes qui font ce que j'aurais pu faire si je n'étais pas entrée dans la vie religieuse.

Je constate que ces femmes ne sont pas heureuses.

Vivre, c'est toujours s'épanouir.

Le refus, la négation de soi, le mépris de son corps ne m'intéressent pas. Je veux vivre et, quand j'ai revêtu la robe des postulantes, je me suis sentie libérée parce que mon corps m'entraînait trop loin.

Très jeune, je sentais déjà cela.

Le fait d'avoir refusé à mon corps ce qui ne correspondait pas aux conditions de son épanouissement total n'a pas représenté une négation mais, au contraire, un élargissement, un enrichissement.

Il n'était pas question de dire « non » au corps et « oui » à l'âme car l'être humain est un composé de corps et d'âme. Quand j'ai dit « non » au mariage et à la vie en couple, j'ai senti que j'allais m'épanouir davantage corps et âme.

Le fait de chercher toujours à sauver et aider des enfants est une joie extrême qui a fait chanter mon cœur sans cesse au fil des années.

Quand je vois des petits s'épanouir et sourire à la vie, je déborde d'un bonheur infini.

Vivre, c'est jouir de la vie au maximum.

J'ai eu la vie la plus passionnante qui soit.

La joie dans ma vie religieuse n'a pas été de nature spirituelle seulement.

C'est une joie qui a enveloppé mon corps, une joie incarnée.

Mon corps a participé à la joie de mon âme.

À un tel point que la fatigue et les maladies m'ont été épargnées et quand elles sont survenues, ça n'a jamais été insurmontable.

Je me suis nourrie de la joie des autres, mon corps a participé de leur joie.

C'est une erreur selon moi de séparer le corps et l'âme.

La jeune fille qui devient femme avec un homme qu'elle aime vit un changement physiologique et la joie de chair qu'elle ressent est aussi spirituelle, dans la mesure où l'amour est présent.

Personnellement, j'ai choisi de m'offrir corps et âme à Dieu et spécialement aux enfants.

Ce don a été pour mon corps, autant que pour mon âme, une source continue de joie, au plan physique et moral.

Le jour de la prise de voile, lorsque j'ai prononcé les vœux de religieuse, ce moment de consécration a représenté un immense bonheur, mais je ne dirai pas que j'ai été transformée sur-le-champ.

Je ne me suis pas sentie différente, physiquement ou spirituellement. Mais j'ai été confirmée dans la joie de mon chemin d'amour vers le Christ que j'avais choisi.

J'ai vu la femme qui accouche.

J'ai vu l'enfant qu'elle prend dans ses bras.

J'ai vu cette joie extraordinaire, merveilleuse, que Dieu a voulue pour la femme qui donne la vie.

C'est magnifique.

Mais j'ai décidé que ce genre de joie je ne l'aurais pas.

J'ai eu d'autres joies.

À certains moments, il m'a sans doute manqué ce vécu intime du corps de la femme qui devient mère, mais je l'ai dépassé pour aller vers un autre accomplissement.

Le corps de la femme est fait pour porter un enfant.

Avoir un corps de femme veut dire avoir en soi une propension naturelle à se pencher vers l'enfant. C'est pourquoi je crois que l'enfant dans ma vie, surtout l'enfant malheureux, a occupé une place de premier plan.

Je ne supporte pas de voir un enfant souffrir.

Je veux tout faire pour le sauver.

Je crois que mon corps de femme s'est ainsi épanoui, non dans une maternité physique, mais dans une forme de maternité spirituelle que j'ai vécue dans une parfaite harmonie.

Mes associations, grâce à de nombreux donateurs, font vivre tous les jours soixante-dix mille enfants dans le monde. Elles les nourrissent, les soignent, leur donnent accès à l'éducation.

C'est une forme de maternité spirituelle.

En même temps je suis très en chair.

Mon corps a besoin de voir, de toucher, de recevoir et de donner un sourire concret. C'est pourquoi je me sens plus la mère des petits Égyptiens ou des petits Soudanais, parce que je les connais bien, parce que j'ai vécu pendant une vingtaine d'années dans une proximité affective avec ces enfants.

Au Soudan, j'ai relevé bien des petits, agonisant dans la rue au temps de la grande famine.

J'ai participé à la construction des écoles en roseaux que nous avons montées pour eux !

Ces enfants, je les ai embrassés, je les ai caressés, j'ai même dormi avec eux, dans leur foyer, la nuit.

Ils sont présents dans mes yeux, dans ma mémoire, ancrés dans ma propre chair.

Je suis allée aussi aux Philippines et au Liban, mais sans avoir avec les enfants que nous parrainons dans ces pays une relation aussi directe et intime, j'allais dire maternelle, qu'avec les petits Égyptiens ou les petits Soudanais.

Avec mon corps de femme, uni à une âme féminine, et dans mon tout de femme corps et âme,

j'ai embrassé les enfants dénutris du Soudan,

les bébés égyptiens torturés par les contractions douloureuses du tétanos,

les petits Philippins orphelins après l'éruption du Pinatubo,

les enfants de la guerre au Liban,

et tant d'autres de par le monde !

Des enfants qui, parfois, étaient heureux et dont j'ai partagé les instants de bonheur.

Je remercie le Seigneur de m'avoir donné ce corps de femme capable d'aimer et de s'épanouir, corps et âme réunis, dans le bonheur d'aimer infiniment.

Une maternité élargie qui m'a comblée de bonheur

JE N'AI PAS PRIS le vœu de chasteté pour refuser la maternité, bien au contraire !

J'ai souhaité élargir mon être de manière à vivre une maternité avec beaucoup plus d'enfants.

Un vœu de chasteté n'a de sens que s'il est fait pour aimer davantage, pas pour se concentrer sur ce petit vœu !

J'entends encore ce prédicateur de l'époque de mon noviciat qui déclarait d'une voix forte : « Mes sœurs, si vous avez pris le vœu de chasteté pour être stériles, vous avez raté votre vie ! »

J'avais vingt ans, j'ai été impressionnée.

Plus tard seulement, j'ai su à quel point il avait raison.

Malgré le lien charnel, physique, avec un certain nombre d'enfants dans le monde, la maternité spirituelle, telle que je la vis, est plutôt en Dieu.

Je crois très profondément à la communion des âmes.

Lorsqu'une personne en porte une autre dans son cœur, que ce soit la mère qui porte dans son cœur un enfant au loin, ou le deuil d'un proche, si l'on fait mémoire devant Dieu en demandant sa protection pour l'être aimé, il s'établit une relation spirituelle d'une force incroyable.

Je l'ai toujours dit, l'amour est plus fort que la mort.

L'amour est un sentiment qui dépasse le corps, qui dépasse la chair.

La chair, un jour ou l'autre, se décompose.

La maladie arrive.

La mort vient.

On met le corps en terre.

C'est la fin de ces yeux qui ont regardé, de ces mains qui ont touché, de ces pieds qui ont marché vers les êtres chers.

Là n'est pas l'essentiel.

L'âme ne peut pas mourir, c'est impossible.

Un sentiment d'amour qui a dépassé la chair et le corps ne meurt pas.

Dans la maternité spirituelle que je vis, la relation dépasse absolument les limites des lieux et du temps.

En Dieu, tous les jours, pendant parfois des heures, je collecte l'humanité en commençant par les personnes que j'aime, que je connais, puis d'autres qui m'écrivent du fond de leur détresse.

Je prends chacun dans mon cœur.

Je m'unis à tous, les femmes, les hommes, les enfants du monde.

Je crois profondément qu'en les unissant dans ma prière qui touche alors le cœur de Dieu, il se crée une relation qu'on peut appeler une maternité et qui est une relation d'être à être. Quelque chose passe à travers les lieux et les distances, car Dieu est présent directement au monde.

Unie à Dieu au féminin, car c'est un Dieu-amour aimant l'homme comme une mère aime son enfant, je vis une relation directe qu'on peut appeler une maternité, en m'efforçant d'engendrer l'espérance et l'amour.

C'est une vibration d'amour dans la joie de Dieu.

En Dieu-liberté, j'ai été la mère de milliers d'enfants

EN TANT QUE FEMME, moi qui n'ai pas donné la vie dans mon corps, j'ai été comblée.

Dès l'instant où je suis entrée dans une vie consacrée, à cette minute, il s'est passé quelque chose en moi d'extraordinaire. Pour aimer, il faut une liberté du corps, une liberté du cœur, une liberté de l'esprit.

La prise de voile m'a offert cette liberté.

Je me suis dégagée de mon tempérament très passionné, qui me rendait esclave de mes désirs. Je me sentais ligotée dans ma coquetterie, mon goût effréné de tous les plaisirs qui ne peuvent pas combler notre cœur et nous laissent dans l'insatisfaction. Ce sont des plaisirs successifs qui passent sitôt qu'on les a goûtés.

En entrant dans la vie religieuse, à la minute où j'ai laissé tomber les oripeaux du siècle que je portais, je suis devenue une femme libre.

Libre d'aimer, libre d'épanouir tout ce que je sentais en moi de maternité potentielle.

J'étais enfin libre d'aimer les enfants qui souffrent.

N'ayant plus aucune préoccupation de choses passagères et transitoires, j'allais pouvoir développer tout l'amour possible dans mon cœur, mon âme, mon esprit, ma chair.

Dès lors je me suis sentie comblée.

Je serais une femme capable de se concentrer sur tout ce qu'elle possédait de capacité essentielle.

Je vivrais la soif de l'absolu dans le don total.

Lors des deux ans de noviciat, j'ai pu tenir, car je sentais que je me préparais à quelque chose de grand.

Dès que je suis partie comme sœur missionnaire en Turquie, en Tunisie puis en Égypte, j'ai de plus en plus développé l'instinct maternel qui permet d'aider chaque enfant à devenir lui-même, de mettre en acte tout ce qu'il possède à l'état virtuel.

Ce fut le bonheur de toute ma vie.

J'ai ainsi fait de ma vie un chant d'amour.

J'ai été la mère de milliers d'enfants.

J'ai vécu cette relation maternellement et même charnellement avec les petits Soudanais. Ces enfants chassés par la guérilla, réfugiés du Sud, avaient emporté le souvenir d'événements tragiques.

La guerre dans les yeux d'un enfant, je ne connais rien de plus terrible. Ces petits avaient vu leur mère violée. Devant eux, leur père et une partie de leur famille avaient été massacrés.

J'ai serré ces enfants dans mes bras.

Je me suis efforcée de les consoler.

Je leur ai certainement donné des marques de tendresse et d'affection plus fortes qu'à mes élèves qui, elles, n'en ressentaient pas le besoin car elles étaient entourées de leurs parents.

J'aime aussi repasser dans ma mémoire le souvenir des petits chiffonniers.

Dans les bidonvilles du Caire, je les ai bercés longuement. J'ai tenu dans mes bras les bébés qui mouraient du tétanos. Leurs contractions musculaires étaient terribles, je sentais leurs petits corps se raidir sous l'effet de douleurs que je ne pouvais soulager.

C'était atroce.

Je crois que je n'ai rien vécu de plus déchirant.

Je ressentais mon impuissance car je n'avais rien pour les soigner.

J'en étais réduite à laisser parler mon cœur. Mais les bons sentiments ne guérissent pas.

Instinctivement, comme par osmose, j'essayais de faire passer ma vie dans le corps de ces bébés. Les mères m'en amenaient deux, trois, jusqu'à quatre par semaine.

J'aurais voulu leur donner mon propre souffle et prendre sur moi leur trop-plein de douleur. Heureusement, quelques années plus tard, j'ai pu faire venir médecins et infirmières qui ont éradiqué le tétanos.

J'ai tenu aussi dans mes bras des enfants affamés.

Le ventre ballonné, ils étaient incapables de marcher sur leurs jambes squelettiques. Ils se traînaient par terre. Mais grâce à des soins procurés par l'aide internationale, il est arrivé que je revoie ces mêmes petits, quelques semaines plus tard, en train de courir et de jouer.

La force vitale d'un enfant est inimaginable.

Je remerciais alors Dieu qui m'avait permis de leur rendre la vie.

Mon cœur chantait d'allégresse.

Dans ces moments d'intense bonheur, j'ai vécu une forme de maternité tellement incarnée que je pourrais la dire *physiologique*.

Arracher des enfants à la mort, c'est vraiment leur donner la vie !

Donner la vie par la grâce de Dieu fait couler dans l'âme une joie extraordinaire.

J'ai associé à cette joie des donateurs et toute une équipe sans qui cela n'aurait pas été réalisable.

C'est ainsi que j'ai vécu une maternité libre parce que je m'étais libérée en entrant au noviciat.

Ce fut une libération.

Il n'y a pas d'autre mot.

Je vivais la liberté d'être enfin moi-même, avec tout ce que je portais en moi de richesse intérieure. Mon être profond, comme étouffé jusque-là, remontait à la surface, pareil à la pousse qui sort de terre et devient une belle plante s'épanouissant au soleil.

Mon soleil était Dieu.

Je n'avais pas choisi mon nom de religion par hasard.

En devenant sœur Emmanuelle, j'étais « Dieu avec moi ».

Et j'étais libre, libre d'une liberté incroyable.

Parce que j'étais « Dieu avec moi », Dieu qui est la liberté suprême.

L'amour a inondé mon âme, mon cœur et mon corps

IL N'A PAS ÉTÉ DIFFICILE pour moi de dépasser le désir d'un enfantement charnel, dans la grossesse où la femme, pendant neuf mois, porte dans son corps le bébé qu'elle va mettre au monde.

Je comprends qu'il s'agit pour une femme de quelque chose d'unique et de merveilleux.

Quand la femme sent pousser et se développer, dans sa chair, la chair de son enfant provenant d'elle-même, son âme s'attache à l'âme de l'enfant qu'elle porte. Car la femme n'est pas une bête qui enfante une autre petite bête. Lorsqu'une femelle animale est grosse, elle n'éprouve pas les sentiments d'une femme qui attend un petit d'homme, un petit de femme.

Être physiquement mère ne m'a jamais manqué.

J'ai tellement été remplie par l'esprit d'amour !

J'ai tellement été comblée par l'esprit d'amour !

Depuis l'âge de douze ans, d'une manière assez extraordinaire, j'ai reçu tous les jours l'Eucharistie qui représente pour moi le corps, l'âme, l'humanité et la divinité du Christ dans un morceau de pain.

Puisque le Christ est Dieu, il est tout-puissant.

Je crois qu'en me nourrissant du Christ depuis l'âge de douze ans, chaque jour, je me suis nourrie à la source de l'amour.

La source de l'amour est le don, la recherche du bonheur de l'autre.

Quand la femme porte un enfant, elle donne la vie à cet enfant.

Elle lui donne sa vie, son amour, son être tout entier.

Elle lui donne tout le bonheur qu'une femme peut donner à un autre être.

Dans une maternité, il y a une part charnelle qui est magnifique et sacrée.

Il y a aussi une part plus spirituelle.

Chez la femme qui va enfanter cela fait un.

Chez moi, qui ne suis pas passée par un enfantement charnel, l'amour a inondé à la fois mon âme, mon cœur et mon corps.

Car l'amour n'est pas désincarné, relégué dans la partie la plus spirituelle de nous-mêmes.

Je suis persuadée que l'homme et la femme ne sont pas un corps et une âme dans le corps, deux identités séparées.

Platon faisait tomber les âmes du ciel pour entrer dans les corps.

Selon moi, un être humain, ce n'est pas du tout cela. Un être humain est un composé, comme l'hydrogène et l'oxygène qui font l'eau. Quand il y a de l'eau, on n'a pas d'un côté l'hydrogène et de l'autre l'oxygène.

Un être humain est simultanément un corps et une âme, sans séparation.

Quand nous aimons, nous aimons avec notre corps. Nous aimons avec notre chair. Nous aimons avec nos yeux.

Nous aimons caresser, nous aimons avec nos lèvres embrasser un enfant.

L'amour nous fait marcher.

L'amour nous fait courir.

L'amour passe à travers nos pieds, nos mains, notre corps tout entier.

Le corps y participe, cela fait un.

C'est pourquoi je peux dire que je n'ai jamais ressenti un manque en moi.

Mon désir d'aimer maternellement est devenu le don que j'ai fait de ma personne consacrée, dans une vie religieuse au service de tous.

Devenir une source d'éternité

LA SOUFFRANCE EST une arme terrible, à double tranchant.

Elle peut nous sanctifier mais également nous rendre plus durs, mauvais et méchants. Celui qui a trop souffert fait souvent souffrir les autres.

Lorsque la souffrance est assumée avec le Christ, elle se transforme.

Le regard sur la croix ouvre notre cœur, nous permet de mieux comprendre la souffrance autour de nous.

Je me rappelle une proche qui avait perdu son fils de vingt ans.

Dans un premier temps, elle fut terrassée par la douleur.

Puis un jour, elle a eu l'impression que Luc, son fils, lui parlait : « Maman, pourquoi n'acceptes-tu pas d'aller visiter ceux qui souffrent à l'hôpital ? » demandait-il.

Quelque temps plus tard, j'ai revu cette personne. Elle était métamorphosée. Elle m'a dit ces paroles que je n'ai pas oubliées :

« Le jour où j'ai mis les pieds dans l'hôpital, où je me suis assise auprès des malades pour les écouter, leur sourire, les aider à mourir, ce jour-là, ma vie a changé. De triste et désespérée, elle est devenue féconde. Je remercie mon Luc de m'avoir envoyé du Ciel cette inspiration de sortir de ma propre souffrance pour aider à soulager la souffrance des autres.

Ce n'était pas vraiment difficile pour moi. J'avais tellement souffert !

J'ai pu facilement élargir mon cœur et laisser entrer la souffrance des autres pour la porter avec eux. »

Dans certains cas, la souffrance nous rend plus humains.

Mais la souffrance risque aussi de nous déshumaniser.

Elle révolte celui qui ne comprend pas pourquoi il souffre. Alors il se détache de la source de vie, il se recroqueville sur lui-même et sa vie devient une source de douleur. Il est prisonnier de sa souffrance.

Dans mon cas, mon cœur s'est laissé pénétrer par la souffrance des autres, moins à la suite d'une expérience que sous l'effet de ma propre vocation.

Très jeune, dès douze ans, je l'ai ressenti.

Mon avenir était scellé.

Je devais accueillir en moi la vie de Jésus, me consacrer corps et âme à l'enfance malheureuse.

Il y avait eu auparavant, bien sûr, l'événement effroyable de la mort de mon père, sous mes yeux, à l'âge de six ans.

J'avais compris très jeune une vérité essentielle.

Le bonheur sur terre n'est pas attaché aux êtres humains.

Nous sommes ici les passagers d'une existence éphémère.

Mon papa représentait tout mon bonheur de petite fille gâtée, heureuse.

Cela avait pris fin.

Je pense avoir alors saisi la fin inéluctable de toutes choses.

Dans ma vie, j'ai pu réaliser qu'il n'est pas donné à tout le monde de le comprendre. Bien des personnes vivent dans l'illusion et passent leur temps à s'accrocher à des faux-semblants, perdant ainsi une énergie précieuse.

En voyant comment la belle écume sur la mer s'était soudain transformée en eau salée et amère, j'ai su une fois pour toutes que les choses de la terre nous coulent entre les doigts.

Forte de cette première expérience, il me semblait que les plaisirs de cette vie n'avaient pas de consistance. Je croyais m'en emparer mais ils m'échappaient.

J'éprouvais une déception intense après chaque satisfaction.

Par exemple, comme j'habitais Bruxelles, aller à Paris était une fête. Je m'amusais mais je rentrais déçue.

Je me demandais :

« Tout compte fait, qu'est-ce que j'ai eu à Paris ? Je suis allée au théâtre, c'était une soirée très réussie. Je suis allée danser et j'ai eu du succès. J'ai vu le regard admiratif des hommes posé sur moi. Sur le moment c'était enivrant. Mais à présent, tout cela est terminé. Que reste-t-il ? »

Après Paris, je suis allée quelques jours à Londres, m'étourdir avec de nouveaux plaisirs.

Et après ?

Il y avait eu l'écume et il ne me restait que de l'eau salée dans les mains.

Est-ce qu'il n'en serait pas de même avec le mariage ?

J'épouserais un homme séduisant qui me plairait sur le moment.

Et après ?

Je me suis mise en quête d'un absolu.

Cet absolu serait l'amour que Jésus allait mettre dans mon cœur et que j'allais porter aux autres.

Être religieuse pour me consacrer au bonheur des autres me semblait un absolu.

Avec Dieu dans mon cœur, je me sentirais enfin comblée.

Cela s'est vérifié.

À la minute où je suis entrée dans la vie religieuse, j'ai été la femme la plus comblée.

Moi qui n'avais rien, j'ai tout reçu.

Dans le bidonville, je n'avais rien mais Dieu était dans mon cœur.

Dieu dans mon cœur devenait une source de joie pour les enfants.

Tout devenait très simple.

Lorsque l'on aime et que l'on essaie d'être un détonateur de joie autour de soi, on devient une source d'éternité en aidant l'autre à vivre, à être.

Avec mes associations, je porte soixante-dix mille enfants dans le monde actuellement. C'est merveilleux, le reste n'a pas d'importance.

Toutes les femmes n'ont pas une pareille vocation.

Elles s'épanouissent différemment, dans une maternité visible, tangible, charnelle.

J'ai eu une autre forme de maternité en Dieu.

Je veux toujours être vraie dans mon corps,
dans mon cœur, dans mon âme, dans ma prière

LA FORCE DE MARIE est de savoir rester vraie, dans la joie comme dans l'épreuve.

Sa vérité lui a permis de vivre cette maternité exceptionnelle en toute simplicité, sans se laisser emporter par l'orgueil ni la vanité.

Elle aurait pu désirer qu'on l'admire et la célèbre comme la mère du Dieu éternel et tout-puissant. Mais sa vie montre qu'elle fut d'une humilité parfaite.

À l'image de la Vierge, je veux toujours être vraie dans mon corps. Vraie dans mon cœur. Vraie dans mon âme. Vraie dans ma prière.

J'ai traversé des moments où il semble que l'âme emporte tout, où le corps éprouve une joie tellement forte qu'elle paraît ne pas appartenir à ce monde. Lorsque cela se produit, je me calme immédiatement :

« Emmanuelle, attention ! Attention ! Là, tu entres dans des états où tu vas dépasser la vérité de ton être. Ne te laisse pas emporter par des sentiments et une exaltation qui relèvent de l'illusion. »

Je veux participer à la vie de l'humanité tout entière.

Je ne veux pas faire partie d'une catégorie de gens qui auraient des extases et des sentiments que le reste des humains n'a pas. Chez moi, qui ne suis pas une mystique, ce serait du surfait. J'arriverais très bien à m'exciter moi-même car on peut avoir une excitation de l'esprit, comme on a une excitation des sens.

Quand on abuse du vin, peut-être plus qu'il ne fallait, il y a une certaine excitation dans le corps. Mais dans l'âme, on peut aussi s'échauffer par l'imagination et produire des sensations qui ne sont pas vraies. Je m'en méfie énormément et ma prière n'est pas facile quand je suis fatiguée. Dans de tels moments, je m'unis en prière à toutes les personnes fatiguées du monde :

« Mon Dieu, je suis épuisée !

Combien de femmes, à cette minute même, reviennent du travail, s'occupent de leurs enfants, s'occupent du ménage et sont toujours au travail !

Combien d'hommes, je l'ai vu en Égypte, ont double et parfois triple travail ! Comme ils ne sont pas bien payés et qu'ils ont des enfants, ils veulent que leurs enfants aient une vie meilleure que la leur ! Alors ils travaillent parfois tard dans la nuit.

Seigneur, je suis là ; avec tous mes frères et sœurs du monde qui n'en peuvent plus, qui sont dégoûtés de la vie, qui n'ont aucune consolation, dont le corps est abattu.

Seigneur, je suis avec eux, prends-nous dans ton amour ! »

Puis je me tais, humble, petite.

Je crois être en ces moments beaucoup plus dans la vérité de mon être que lors de messes dans les églises où retentissent des chants parfois très entraînants les jours de fête, avec des décors de fleurs et des parfums d'encens.

Certes il est bon aussi de célébrer la liturgie dans l'allégresse, en se réjouissant autour du Seigneur. Notre âme et notre cœur ont besoin de dépasser un peu les choses de la terre, de se sentir presque au ciel.

C'est bien, mais pas essentiel.

Car cela ne correspond pas à la vie humaine sur terre.

C'est une chose de croire et une autre de sentir.

Ma maîtresse des novices m'a marquée dans la formation de religieuse que j'ai reçue. Elle se méfiait beaucoup de tous les sentiments extraordinaires qui nous transportent. Selon elle, il s'agit le plus souvent d'une simple excitation de la sensibilité ou de l'imagination, provenant plus de la part charnelle de notre corps que de notre âme.

Je peux dire qu'une fois, oui, une fois dans ma vie, il m'est arrivé quelque chose qui n'était pas tout à fait dans l'ordre naturel.

Un soir d'été dans le bidonville, il faisait une chaleur suffocante.

Dans la nuit humide, en sueur, je n'arrivais pas à calmer ma soif parce que je n'avais pas d'eau. On ne disposait pas d'eau courante dans les cabanes. Il fallait en acheter au marché et, d'ordinaire, je remplissais ma cruche avant de rentrer. Mais ce soir-là, j'avais été appelée près d'un malade et j'étais revenue vers minuit. Il ne me restait plus une goutte.

Je n'en pouvais plus de chaleur.

Je sentais les puces, au moins vingt ou trente, qui me couraient sur la peau, provoquant des démangeaisons insupportables. Si j'avais eu un peu d'eau, je me serais douchée avec mon verre à dents pour m'en débarrasser. Mais sans eau je ne pouvais rien faire.

Étendue sur mon matelas à même le sol, je ne trouvais pas le sommeil. Je me sentais très contrariée, furieuse contre tout. Je n'osais pas réveiller ma voisine, Fauzeia, qui dormait à cette heure. Elle avait déjà une vie très dure. Je devais la laisser récupérer des forces pour le lendemain.

Dans mon for intérieur, je me disais que c'était trop. On peut supporter beaucoup, mais il y a une limite à ne pas dépasser. J'étais vraiment à bout de nerfs.

Soudain, j'ai éprouvé quelque chose d'inhabituel.

Je n'ai jamais compris ce qui s'est passé.

En un éclair, mon corps s'est senti relaxé.

Une eau fraîche me coulait dans le cœur.

Enfin j'étais dans la paix.

Je me souviens avoir prié avec un sentiment de gratitude :

« Seigneur, c'est merveilleux !

Comme je me sens bien dans mon cœur, mon corps, mon âme ! Je te demande pardon de mon agacement, j'étais trop excédée.

Merci, Seigneur ! »

Après cela, je me suis endormie, comme on dit, « aux anges » !

C'est tout, je ne sais pas ce qui s'est passé, j'ignore ce que cela veut dire. Est-ce un phénomène naturel ou pas ?

Peu importe, il me reste comme le souvenir de la bonté du Seigneur. Je n'en pouvais plus, il m'a fait un petit signe pour me dire :

« Courage ! Supporte ! Patiente ! Recommence ! »

*Comme le corps se baigne dans l'océan,
mon âme se baigne en Dieu*

LE COURONNEMENT DE LA VIERGE, une toile de Fra Angelico, dépeint Marie dans la lumière du ciel, telle que nous la célébrons le 15 août, jour de l'Assomption de la Vierge.

Le monde sacré est toujours représenté par les artistes comme irradié de lumière, une lumière qui vient du plus profond.

Prier, c'est tomber dans cette lumière.

Le cœur de tout homme qui essaie de vivre dans la bonté, en aimant, rayonne autour de lui.

Cet homme est habité de la lumière de Dieu.

Ainsi que le dit l'Évangile : « Le Père, Dieu, viendra faire sa demeure dans le cœur de l'homme et l'esprit de Dieu qui est la lumière, l'amour, le feu, la flamme habitera le cœur de l'homme. »

Il ne faut pas entendre ces mots sur un plan uniquement religieux. Car ils nous invitent à aller beaucoup plus loin. Malheureusement, en un sens, les religions divisent les hommes. On est parfois persuadé que sa religion contient la vérité du monde et que les autres sont dans l'erreur. C'est absolument faux.

On a une religion qui est un chemin vers Dieu.

Je suis catholique, je crois que mon chemin est le plus direct et il l'est en effet pour moi. Mais je suis absolument certaine qu'il existe bien d'autres chemins menant vers Dieu – même si les hommes ne l'appellent pas Dieu.

Ils l'appellent le bien. Ils le nomment un idéal ou le désignent de tout autre nom. C'est sans importance.

Dieu est le bien.

On n'a pas besoin de lui donner ce nom de Dieu, qui signifie quoi au juste ?

Ce sont quatre lettres. Les hommes sont obligés d'employer des mots pour communiquer. Derrière le nom de Dieu, on sait que, dans l'histoire, il s'est produit des drames épouvantables.

Au nom de Dieu, on a tué, égorgé, pillé, violé, massacré, décimé des populations entières.

Au nom de Dieu, on a commis des crimes contre l'humanité et le pape Jean-Paul II a fait preuve de grandeur d'âme en reconnaissant ces actes injustifiables. Il a su demander pardon, accomplissant ainsi un geste de repentance nécessaire.

Mais revenons à la prière qui est l'entrée dans la lumière.

La lumière s'oppose aux ténèbres et je crois que dans les cultures et les civilisations du monde entier, le mot « ténèbres » représente le mal. On dit encore en français l'« esprit des ténèbres ».

Quand on ferme son cœur à l'autre, on entre dans l'obscurité.

On détruit en soi la paix profonde, cette paix qui est le signe le plus fort de la présence de l'esprit de bonté en nous. Dès que l'on se fâche avec quelqu'un, la paix disparaît dans le cœur.

Quand j'entre dans la prière en silence, après être passée par la purification que représente la lumière, je pénètre dans l'invisible, une réalité parfaitement spiritualisée, la sphère transcendante que tente de rejoindre chaque homme de bonne volonté. Ce sont les paroles du chant des anges rassemblés au moment de l'Incarnation, à la descente de Dieu dans la chair humaine : « Gloire à Dieu et paix aux hommes ! »

C'est une seule réalité.

Quand l'homme est en paix, Dieu est en gloire.

Saint Irénée, premier apôtre des Gaules et disciple de saint Polycarpe, lui-même disciple de Jean et donc du Christ dans une lignée de filiation directe, a écrit un livre contre les hérésies. Il y déclare en latin : « *Gloria Dei homo vivens* », « La gloire de Dieu, c'est l'homme vivant ».

Nous sommes venus sur terre pour quoi faire ?

Vivre signifie chanter, marcher, danser, rire, enfin sentir que l'on a en soi un fluide, un souffle, de sorte que nos actions, nos pensées ont un sens. Nous sommes sur terre pour nous aimer les uns les autres et être les enfants de Dieu, des frères et sœurs en humanité.

La prière consiste selon moi à doucement nous imprégner de ce monde dans lequel nous sommes baignés, mais que nous ne voyons pas. Nous ne sentons pas, nous ne touchons pas cet autre monde.

Pourtant il est là.

Il est proche, cet au-delà, beaucoup plus proche que le dit notre raison.

Me baigner dans ce monde, tout en laissant tomber les images et même la lumière, me fait entrer dans un silence rempli de Dieu.

Je ne parle pas d'un silence vide ou d'un néant.

C'est un silence rempli d'être, un silence où je suis dans la joie.

Comme le corps se baigne dans l'océan, mon âme se baigne en Dieu qui est la vie et l'amour.

Avant d'en arriver à cette densité de prière, je collecte les personnes que j'aime sur terre, en commençant par les proches qui me sont spécialement chers.

Puis j'agrandis le cercle de ma prière aux personnes qui pensent à moi, qui m'ont demandé de prier pour elles ou qui lisent mes livres.

Et j'élargis encore jusqu'à l'humanité tout entière.

Selon moi, essayer d'entrer en Dieu, dans le cœur du Christ, c'est entrer dans l'humanité puisque Dieu est venu pour s'unir à l'homme. Ainsi je deviens plus humaine au fur et à mesure que je me raccorde à des millions d'hommes et de femmes.

J'essaie toujours de communier par la prière avec tous ceux qui sont en train de souffrir.

Parce que je suis hantée, non pas au sens où j'en perdrais la paix, mais hantée au sens où je suis poursuivie par la femme, l'homme, l'enfant qui souffrent.

J'ai vu trop de souffrance.

J'essaie de venir en aide à soixante-dix mille enfants mais je ne peux pas oublier les millions d'autres que je ne réussis pas à atteindre.

Dans la prière, je m'efforce de prendre cette humanité de joie et de douleur en moi, unie au cœur du Christ, parce que l'humanité est inséparable du cœur du Christ.

C'est une question de vacuité, de viduité.

On arrive à la limite de ce que les mots peuvent encore exprimer.

Je veux dire qu'il faut réussir à vider une partie de soi, son imagination, ses sensations, sa sensibilité et ses pensées pour devenir une pure capacité de Dieu.

Quand j'étais au noviciat, la maîtresse des novices nous répétait de temps en temps : « La Vierge Marie est une pure capacité de Dieu. »

C'est ainsi que, dans la prière, j'essaie d'être une simple capacité de Dieu.

Mon idéal serait d'être semblable à un vase vide, un vase qui aspire Dieu.

Pour aspirer Dieu, il faut évidemment faire le vide en soi.

Je suis très loin d'y parvenir, mais j'essaie de toutes mes forces.

Je me tiens là, en silence, comme si j'avais une main tournée vers la terre pour offrir cette main à tous mes frères et sœurs humains tandis que l'autre main est levée vers le ciel, pour me rapprocher de la divinité.

Ce sont des symboles, des images, pour expliquer que ma prière consiste à unir l'humanité et la divinité dans mon cœur.

J'adore au nom de toute l'humanité
qui n'a pas le temps d'adorer

JE PASSE DES HEURES en prière dans ma petite chambre.

J'aime prier la nuit parce que je ne peux pas m'endormir avant onze heures ou minuit.

Dans une maison de retraite, on s'endort tôt.

Je suis là, seule, éveillée dans le silence total de la maison, de la nature.

Je fais le silence en moi.

Mes yeux se posent sur la croix.

Le Christ qui a tant aimé le monde est présent, encore aujourd'hui, après sa Résurrection et son ascension dans le ciel.

Je crois profondément que le Christ intercède pour nous auprès de Dieu.

Saint Paul dit avec force du Christ : « *Semper vivens et interpellandum pro nobis* »,

« Il est toujours vivant et il interpelle pour nous ».

« Il interpelle », entendons qu'il prie Dieu, son père, pour l'humanité qui souffre.

Dieu est l'homme.

L'homme est Dieu.

Dieu et l'homme sont silencieusement unis dans nos cœurs à tout jamais. Alors j'adore au nom de toute l'humanité qui n'a pas le temps d'adorer.

Les hommes sont trop occupés, ils mènent une vie trépidante. Dans les grandes cités, qui a le temps de prier ?

On entend toujours du bruit, on est sollicité par toutes sortes de divertissements, on n'est pas porté à l'intériorisation de la prière.

Unie de cœur à cette humanité qui n'a ni le temps, ni le goût de prier, je trouve merveilleux de m'unir aux défunts que j'ai aimés, aux saints et aux anges du ciel.

C'est très simple, je fais ainsi partie de l'univers.

Je ne suis qu'une goutte d'eau dans l'océan du Seigneur, mais l'océan et moi faisons un.

Telle est ma prière.

« Entre, Yasmina,
dans la joie de ton Seigneur ! »

LE DEGRÉ DE FOI DE LA VIERGE n'est pas accessible à la plupart d'entre nous. Une grande partie de l'humanité refuse Dieu.

Est-ce que cette partie de l'humanité qui se sépare de Dieu est perdue ?

Je ne le pense pas.

Croire en Dieu n'est pas facile. La foi n'est pas donnée à tout le monde. En Europe, la plupart des jeunes au lycée, en classe de terminale, reçoivent une formation philosophique. On leur apprend à discuter, à aguerrir l'esprit dans le raisonnement et l'argumentation. Tout doit être prouvé, démontré avant d'être accepté. C'est excellent. Et ils ont raison de se demander : « Dieu, dans tout cela, à quoi sert-il ? »

J'engage chacun à se poser la question et à chercher la réponse.

Le jeune, la femme ou l'homme qui, au terme d'une investigation sérieuse, ne trouvent aucune raison solide d'avoir la foi, ne doivent pas être considérés comme moins bons qu'un autre qui aura découvert des raisons de croire.

En un sens, le Christ ne demande pas qu'on ait la foi. Il nous a donné un seul commandement : « Aimez-vous les uns les autres ! »

Il nous a dit aussi qu'au Jugement dernier, il s'adressera à nous et nous accueillera à bras ouverts avec ces mots : « J'ai eu faim, tu es venu vers moi. Entre dans la joie de ton Seigneur ! »

Je pense souvent à Yasmina qui ne croit pas en Dieu. Elle est responsable des détenus à leur sortie de prison. Elle consacre tous ses efforts à les aider, leur trouver du travail, leur proposer des traitements, des cures de désintoxication si nécessaire. Elle met tout en œuvre pour leur éviter de retomber dans la déchéance.

Le cœur de Yasmina est bon.
Je dis qu'elle est fille de Dieu.

Quand elle mourra, je crois qu'elle verra le Christ se présenter à elle dans la lumière. Elle entendra le Christ lui dire :

« Je sortais de prison, combien de fois m'as-tu accueilli avec le sourire ?

Combien de fois m'as-tu rendu l'espoir d'une vie meilleure ?

Combien de fois m'as-tu donné l'envie de m'en sortir ?

Entre, Yasmina, dans la joie de ton Seigneur ! »

C'est cela la bonne nouvelle de l'Évangile.

J'aime la méditer doucement, en silence.

« Entre dans la joie de ton Seigneur ! »

Je reprends cette simple petite phrase à la lumière des rencontres marquantes de ma vie.

Je savoure ces mots. Je les laisse descendre dans mon cœur.

La sève du bonheur de Dieu pénètre en moi.

Ce qui se savoure, ce qui donne de la joie, donne un sens à la vie.

Les malheureux, que savourent-ils ?

Les plaisirs sont pareils à l'écume. On croit les saisir, mais on n'a rien entre les mains. Comme le dit Pascal :

« Tout glisse et fuit d'une fuite éternelle. »

Les prétendus plaisirs de la vie nous laissent l'amertume et la tristesse en arrière-goût. Ils détruisent le bonheur et nous épuisent dans la course à toujours plus de plaisir. Mais il y a autre chose. La source du vrai bonheur est proche, dans notre cœur.

Pourquoi chercher au loin ce qui nous appartient déjà ?

Pourquoi vouloir acquérir ce qui nous a été donné à profusion ?

Il faut avoir vécu et être passé par la souffrance pour comprendre cela et revenir à la simplicité de l'essentiel.

La force d'aimer me vient de la foi pure

LA FORCE POUR ALLER vers les autres et les aimer, je la reçois chaque jour dans la joie avec l'Eucharistie.

Mais on ne reçoit pas une telle force de la prière seulement.

La force d'aimer vient de la foi pure.

J'ai beaucoup médité sur la foi pure.

Je suis d'un naturel très exigeant, assez intellectuel. Je veux toujours savoir si les choses sont vraies, si je peux les croire. J'examine les dogmes que me présente l'Église catholique pour comprendre comment les admettre. J'ai donc travaillé ma foi. Je veux bien accepter, comme un enfant, non pas ce qui est contraire au raisonnement, mais ce qui le dépasse.

J'ai essayé de faire de ma vie une vie de foi simple, sans aucune exaltation, dans la paix de l'âme et du cœur.

Ma prière est la prière d'un enfant qui se tourne vers Dieu – un Dieu au féminin, exprimant ce qu'il y a en lui de plus maternel. Je dis alors en me tournant vers Dieu dans la simplicité de mon être :

« Je crois en Toi, Seigneur.

Je crois en ton Amour pour l'homme à travers les cataclysmes, les maladies, les guerres.

Je crois en Toi à travers l'homme qui tue l'homme, qui fait souffrir l'homme.

Je crois, Seigneur, en ton amour pour l'homme. »

Comment puis-je prier ainsi ?

D'où viennent ces mots ?

Pourquoi ces mots ?

Parce que je remercie le Seigneur de nous avoir créés libres. Je suis libre d'aimer et je suis libre malheureusement de tuer. C'est cela qui me donne la foi et la foi me donne la force d'aimer.

Je prie beaucoup.

J'ai toujours prié, au moins une à deux heures par jour, même dans le bidonville. Quand j'étais trop fatiguée, ma prière se terminait dans le sommeil.

La prière donne de la force, elle crée une relation directe, silencieuse qui, jour après jour, allie la joie à la force. Parce que aimer, aider l'autre, courir vers l'autre, sourire à l'autre, sont une source de joie extraordinaire.

Ainsi que le Christ l'a dit, le bien que vous faites au plus petit d'entre les miens, c'est à Moi que vous le faites.

Comme Dieu est la source de la joie, en allant vers l'autre, on va vers Dieu, on va vers la joie.

Une vie d'éternité

LE CHRIST NOUS DIT qu'il ne vient pas pour juger, mais pour sauver le monde.

Il nous demande aussi de ne pas juger.

« Je suis là pour vous aider, dit le Christ. Je vous tends la main, prenez ma main. »

Il s'offre à nous pour nous permettre de ressusciter dans une vie d'éternité.

Le Christ ajoute : « Aux uns je dirai : "Tu m'as donné à manger. Tu m'as donné à boire. Tu m'as visité quand j'étais malade. Entre dans la joie de ton Seigneur." »

Aux autres, le Christ dira qu'il ne les connaît pas. Ceux qui n'ont pas aimé l'autre, et ils ne sont pas si nombreux d'après moi, ceux-là meurent dans la haine.

Comment peut-on entrer dans l'amour quand on n'a pas aimé ?

L'enfer selon moi est un lieu sans amour.

Il faut avoir une religion très large.

Avec les années, je n'ai cessé de beaucoup simplifier. J'ai élargi mes horizons pour y inclure toute l'humanité, pas seulement ceux qui me sont proches par l'appartenance communautaire, quelle qu'elle soit. C'est pour élargir mon cœur à tous mes frères et sœurs que je visite régulièrement les prisons.

J'ai rencontré un jour la femme du pédophile belge, Dutroux.

La malheureuse est en détention, dans une prison de Mons. Elle savait ce qui se passait dans sa maison. Elle a été la complice muette de son mari. Il l'avait chargée de nourrir ses deux petites victimes.

Quand je suis allée à la prison de Mons, c'était à l'invitation de l'aumônier, pour parler et prier avec les détenues. J'ai rencontré les prisonnières autour d'un thé avec des gâteaux. Elles se sont présentées l'une après l'autre. J'ai bien entendu le nom de Michelle Dutroux, mais je n'ai pas fait spécialement attention. J'avais remarqué cette femme qui avait tout le temps un mouchoir à la main. Elle tentait de retenir ses larmes, mais c'était plus fort qu'elle. Elle n'arrêtait pas de pleurer.

Ensuite, les détenues sont parties et l'aumônier est resté avec Michelle Dutroux. Il m'a dit :

« Ma sœur, Michelle voudrait vous parler. »

On a fermé la porte et elle m'a confié :

« Je suis la femme de Marc Dutroux. »

Soudain j'ai réalisé. Je lui ai pris la main. Elle sanglotait en me disant :

« On m'a accusée de ne pas avoir dénoncé mon mari. Est-ce qu'une femme peut dénoncer celui qu'elle aime et qu'elle a épousé ? »

Que répondre à cela, quand on pense aux conditions atroces dans lesquelles sont mortes les petites filles ?

Je suis restée sans voix. Je l'ai écoutée.

Elle m'a expliqué qu'elle avait deux enfants qu'on lui interdisait de voir. Ils avaient été confiés à la garde de leur grand-mère. Elle pleurait, cette malheureuse. Il semble qu'elle aimait éperdument son mari. Elle en a perdu le sens commun le plus élémentaire. On comprend cela difficilement. C'est terrible. Je prie pour elle. Son procès va durer des années.

Michelle Dutroux m'a raconté qu'elle avait la clef de la cave parce que son mari l'avait chargée de nourrir les fillettes. Quand elle a introduit la clef dans la serrure pour leur donner à manger, elle a entendu les petites pousser des cris épouvantables. De peur qu'elles ne lui sautent au visage, elle est repartie. Les enfants sont finalement mortes de faim.

J'ai embrassé Michelle Dutroux en lui disant :

« Je te prends dans mon cœur et dans ma prière, je vais prier pour toi de toutes mes forces. »

C'est dramatique le destin de cette femme qui a des enfants morts sur la conscience.

Le Christ dit : « Ne jugez pas et vous ne serez pas jugés. »

Cela s'applique aussi à Dutroux et à sa femme. Mais c'est extrêmement difficile. Au niveau humain qui est le nôtre, on ne peut pas juger.

Je me demande toujours : « À sa place, qu'aurais-je fait ? »

On doit avoir beaucoup de compassion.

Le Christ est la compassion.

Il faut laisser la compassion du Christ vivre en nous.

J'ai voyagé, j'ai tout vu dans ma vie, le pire et le meilleur.

J'ai essayé de comprendre et le pire et le meilleur.

Cela m'a beaucoup rapprochée de Dieu.

Je me pose toujours la question : « Que pense le Christ de cet homme, de cette femme ? » Toujours avec une infinie compassion parce que, comme le dit l'Évangile, le Christ sait ce qu'il y a dans le cœur humain et il connaît tous les ancêtres de ce malheureux. C'est redoutable ce que l'on reçoit de ses ancêtres. Notre ADN remonte très loin et il crée un conditionnement difficile à combattre. Alors le Christ sait qu'il y a des hommes et des femmes qui ne sont peut-être pas aussi coupables qu'ils en ont l'air.

J'ai été très critique dans mes jugements, très dure du temps de ma jeunesse. Aujourd'hui, je ne peux plus l'être parce que j'essaie d'être bonne. Mais je n'y arrive pas, loin de là. Voyant qu'avec tous mes efforts, à cent ans, j'ai encore des remontées de sentiments qui ne sont pas bons, pourquoi jugerais-je les autres ?

Ce que je sais, ce que je crois, c'est la parole du Christ lorsqu'il déclare : « Je suis la Résurrection et la vie. Celui qui croit en moi aura la vie éternelle. »

Je crois en la résurrection de la chair et en la vie éternelle, avec des millions de chrétiens, de musulmans et de juifs.

Il faut toujours revenir à l'axe qui est le Christ, Dieu incarné pour sauver le monde.

Il prend un corps humain car Il veut que Sa vie passe dans notre vie quotidienne à travers l'amour, le don et le partage.

Cela, c'est pour l'éternité.

Nous mourons et, dans la mort, nous restons toujours agrégés au corps divin du Christ. Chacun de nous est agrégé à ce corps du Christ. Donc à travers le Christ, nos prières atteignent la personne que nous aimons et qui est décédée.

En ce sens, nul n'est maudit. On a une chance de sortir victorieux de l'épreuve du purgatoire ou de l'enfer. Nous pouvons demander à Dieu d'aider des personnes décédées.

Je crois que le Christ prend notre prière en Lui.

Il déverse alors sur nous les grâces de sa vie.

On appelle cela la « réversibilité des mérites ».

Nos pauvres petits mérites, tombés dans les mérites infinis du Christ, ont le pouvoir de transformer et d'aider les autres.

Jean de la Croix parle ainsi de l'« union transformante ».

Il s'agit de l'union spirituelle que nous réalisons avec le Christ et par le Christ.

Dans ma prière, je demande que le Christ offre à tous la grâce de l'union transformante pour que tous soient métamorphosés dans l'amour du Christ.

Je prie pour que tous partagent l'immortalité de l'amour du Christ – à la source d'éternité qui n'est autre que la source d'amour divin.

Dans l'éternité, nous aurons Dieu face à face

L'INCARNATION EST UN MYSTÈRE. La Trinité est aussi un mystère, comme la Résurrection ou la Rédemption.

Ce sont des mystères, nous ne pourrons jamais les comprendre.

Les mystères sont très au-dessus de la raison mais ils sont loin d'être contre la raison. Car un Dieu vivant en trois personnes, cela indique qu'il ne s'agit pas d'un Dieu solitaire et lointain. Dieu est proche, et c'est la raison pour laquelle il se fait homme, s'incarnant pour sauver l'humanité.

Je n'en finis jamais de méditer cela dans le silence, dans l'adoration et l'émerveillement.

J'ai besoin de l'esprit de Dieu pour m'enfoncer dans de tels mystères.

Je sais aussi que, jamais, je ne les comprendrai.

Cela dépasse ma pauvre raison humaine.

Dans l'éternité, nous aurons Dieu face à face.

Nous comprendrons ce que veulent dire les mots Incarnation, Trinité, Résurrection ou Rédemption.

Je suis devenue religieuse pour vivre du mystère trinitaire.

J'ai été saisie par ce mystère.

Je me souviens que, jeune postulante, je voulais le comprendre à tout prix. Je pensais naïvement que j'y arriverais. Je n'y suis pas parvenue évidemment. Mais j'ai réussi à me fondre dans le mystère trinitaire. Au lieu de le prendre en moi, j'ai été prise par la Trinité, prise par Dieu.

On est obligé d'utiliser des mots. Nous disons que Dieu est trois en un. Il est un seul Dieu en trois personnes. Nous croyons que Dieu de toute éternité est en trois personnes qui s'aiment :

« Au commencement était le Verbe, et le Verbe était en Dieu et le Verbe s'est fait chair. »

Le Verbe, le Logos, est l'Intelligence suprême.

Le Verbe de Dieu, la pensée de Dieu, l'intelligence de Dieu, qu'aucun homme ne peut posséder, deviennent chair humaine.

Le Logos ou le Verbe est Dieu de Dieu, Lumière de Lumière, vrai Dieu né du vrai Dieu, Dieu de toute éternité dans son intelligence.

Entre le Logos et le Père, il y a l'Esprit d'amour qui est la troisième personne de la Trinité. Cet amour est tellement fort que cela soude les trois en un, donnant un seul Dieu en trois personnes.

C'est dans cet amour immense qu'à vingt ans je me suis plongée.

C'est dans cet amour immense qu'en ces dernières années de ma vie je m'immerge doucement.

Un amour qui a un goût d'éternité.

La source d'éternité

OÙ TROUVER la source d'amour ? Où trouver la force d'aimer ? Chacun d'entre nous a une histoire plus ou moins triste, plus ou moins dramatique. Nous avons tous vécu des drames, la vie en est faite.

Comment certains trouvent-ils la source d'amour qui reste cachée à d'autres ?

On trouve la source d'amour en se laissant aspirer par la souffrance.

Je me souviens de la première fois où je suis entrée dans le bidonville.

Je n'avais jamais rien vu de pareil.

Dans les ruelles se retrouvaient entassées les ordures des beaux quartiers du Caire. Les chiffonniers les ramenaient sur de petites voitures, puis les jetaient dans les ruelles au milieu des cochons pour les trier. La saleté, les odeurs étaient infectes. Les enfants cherchaient leur nourriture dans les immondices.

Je me rappelle m'être alors sentie aspirée.

Aspirée, c'est le terme. Il n'y en a pas d'autre.

J'avais soixante-deux ans. Je pouvais prendre ma retraite confortablement et repartir en France.

Cette aspiration de la souffrance a changé le cours de mon destin.

Elle a comblé ma vie.

Les vingt-deux années passées dans des conditions matériellement difficiles restent les années les plus lumineuses, les plus éclatantes.

Je devrais dire les plus débordantes de joie.

C'est sans doute dur à comprendre, mais c'est ainsi.

Depuis que je suis rentrée en France, je vis dans un petit paradis. Je suis entourée de fleurs, alors qu'il n'y en avait pas une seule dans le bidonville. Je n'avais pas d'eau là-bas, ici je fais couler à volonté l'eau froide, ou chaude, du robinet. Pour toute nourriture, j'avais des *fouls*, les haricots du pauvre. Ici, je suis très bien nourrie, j'ai un très bon lit et n'ai pas froid la nuit.

Pourtant j'avoue que, si ma supérieure était d'accord, je reprendrais le premier avion pour le bidonville du Caire.

Pourquoi des années matériellement déshéritées sont-elles les années de lumière de ma vie ?

On me l'a souvent demandé et je me suis moi aussi posé la question.

Que se passe-t-il donc d'extraordinaire dans ce bidonville ?

Rien, en vérité.

La vie suit son cours.

Je suis dans ma petite cabane parmi les enfants, les femmes. Nous prenons ensemble un verre de thé par terre, au milieu des ordures.

Pourquoi un tel bonheur ?

Le cœur humain se comble seulement dans une relation très simple, très fraternelle et très vraie.

Dans un bidonville, on ne porte pas de masque. On ne cache pas ses sentiments. Les relations sont naturelles, franches, fraternelles et foncièrement solidaires. On ne survit d'ailleurs que grâce à la solidarité. Si un soir on manque d'eau, on va chez la voisine qui offrira le reste de sa cruche.

Chez nous, pour les orphelins, il n'y a pas les services sociaux de la DDASS.

À quoi servirait la DDASS ?

La DDASS, dans le bidonville, c'est tout le monde.

Si des parents meurent, les voisins prennent les enfants à charge. La nature fait que l'homme est le frère de l'homme. Quand on laisse tomber le superficiel que parfois la civilisation développe excessivement, on arrive dans les profondeurs les plus secrètes et on découvre une fraternité très simple. On ne s'embarrasse pas de grands discours mais on vit la fraternité.

J'étais loin de pouvoir répondre aux difficultés sans nombre de mes amis chiffonniers, mais je pouvais compatir, souffrir ou me réjouir avec eux.

J'étais *ableti*, leur grande sœur. Je les aimais en reliant cet amour humain fraternel à l'amour de Dieu.

Je me nourrissais de la relation verticale avec Dieu, source suprême de l'amour, de la force et de l'enthousiasme, qui croise la relation horizontale avec mes frères et sœurs.

Cette double relation est une source formidable de joie, fraîche et vivante.

À trente ou quarante ans, je ne pense pas que j'aurais pu comprendre ni vivre l'expérience du bidonville.

Parce que je me serais laissé arrêter par les conditions matérielles épouvantables. Pour ne pas en souffrir, il faut que la relation fraternelle ait une force telle qu'elle dépasse de loin les ennuis créés par des conditions matérielles insuffisantes.

Quand on est jeune, c'est plus difficile.

Je n'ai jamais demandé à une personne de partager ma vie un certain temps, quand il m'a semblé que cela n'aiderait pas à l'épanouissement de son être. Un mois ou deux, oui, j'ai accepté d'être secondée dans mes activités. Il est arrivé que des amis d'un certain âge restent plus longtemps. Mais je ne crois pas qu'un jeune, qui a besoin d'un confort de base, puisse facilement s'en séparer sans ressentir un malaise.

J'avais soixante-deux ans quand j'ai commencé.

J'étais déjà une vieille femme.

Bien sûr, il est très désagréable de ne pas avoir d'eau à sa disposition. J'ai souffert de la chaleur, des puces, des rats et des cafards dans ma cabane en tôle.

Mais j'arrivais à être très heureuse, à déborder de joie en transcendant ces conditions matérielles par le simple fait de regarder, de sourire, de presser des mains, d'embrasser des enfants.

Tant de baisers que deux joues n'y suffisaient pas !

Je n'avais pas assez de joues – et simultanément un trop-plein de bonheur !

Le souffle de l'amour de Dieu

DIEU EST AVEC MOI.
L'esprit de Dieu est un souffle d'une force extraordinaire.
Par la prière, ce souffle remplit mon cœur.

Ce souffle en moi continue dans le cœur des autres, croyants ou incroyants.
Le souffle d'amour me dépasse.
C'est un souffle divin qui ne m'appartient pas.

L'homme est à l'image de Dieu.
Dans le livre de la Genèse, nous apprenons qu'il a été créé à l'image et à la ressemblance de Dieu.
Cette petite image, cette petite ressemblance, nous la voyons partout où l'homme donne, partage et aime.
L'image de Dieu est vivante en lui.

Quand on essaie de plus en plus de développer cette *image*, on participe à la vie des autres. Ce souffle d'amour que Dieu a déposé dans le cœur de l'homme engage l'homme à aimer avec les puissances du bien qui ne sont pas seulement terrestres. Des puissances divines entraînent aussi l'homme de bonne volonté.

À ma mort, cette puissance divine en moi va continuer à travers l'action entreprise par ceux qui m'ont accompagnée, pendant toutes ces années, dans les actions que j'ai lancées de par le monde.

La lumière de l'espérance brille sur terre.

Les forces du bien sont plus fortes que le mal.

L'humanité va vers la lumière.

À mon âge, j'ai eu l'occasion de rencontrer des milliers de personnes, de m'entretenir avec elles.

Dans ces milliers de regards échangés, j'ai vu une lumière.

Les femmes et les hommes dont le cœur est bon, qui essaient de donner de la joie, vivent dans la lumière. Cette lumière est de nature divine et elle s'exprime dans un regard de bonté, de douceur. Ce n'est peut-être pas visible, mais c'est perceptible.

Saint Jean de la Croix l'exprime très bien : « Dieu a passé à travers la nature et il y a laissé la trace de ses pas. »

Il y a sur terre une beauté des choses, la neige, le ciel, les œuvres des hommes.

Cette beauté est la face de l'esprit d'amour et elle a un effet qui laisse une trace visible.

À nous d'apprendre à voir, dans ces signes de beauté visible, la beauté plus grande encore,

la beauté invisible,

la beauté qui se manifestera de toute éternité,

Dieu lui-même.

Adieu

En union de prière et de joie

DANS CE TESTAMENT SPIRITUEL, j'ai tenté de transmettre l'expérience merveilleuse de ce qui a été pour moi le plus important, le plus beau, le plus enthousiasmant dans ma vie : la rencontre du Dieu-amour. Je crois que Dieu est amour, que la vie humaine tout entière peut en recevoir à chaque instant une heureuse légèreté dans sa marche vers la lumière.

L'existence sur terre est une succession de joies et de peines, ce qui signifie tantôt le bonheur, tantôt la tristesse. Mais dans un cas comme dans l'autre, la relation avec Dieu-amour est une source éternelle de force et de sérénité. Le regard sur le Crucifié métamorphose la douleur et lui donne son sens. L'amour uni au Christ, dans les mauvais jours, peut devenir une exaltation qui permet de se rapprocher de cet idéal merveilleux et de vivre cœur à cœur avec ce Dieu penché sur nous comme une mère très douce qui aide son enfant en souffrance. La vie est passionnante quand elle se résume dans cette rencontre avec Dieu et l'humanité, nos frères et sœurs qui cheminent aussi sous le regard de Dieu.

Tel est le message de paix que je vous adresse au moment où je m'apprête à quitter cette terre.

En union de prière et de joie.

le 12 juillet 2008

Pour en savoir plus sur Opération Orange,
consultez le site Internet

www.operation-orange.org

Table

Cet ouvrage a été imprimé en France par

CPI
Bussière

à Saint-Amand-Montrond (Cher)
en novembre 2008
pour les Éditions Presses de la Renaissance
12, avenue d'Italie
75013 Paris

Composé par Nord Compo Multimédia
7, rue de Fives, 59650 Villeneuve-d'Ascq

N° d'édition : 489. — N° d'impression : 083474/1.
Dépôt légal : novembre 2008.